Dormez,
je le veux !

© Éditions Belin/Éditions Gallimard, 2012 pour l'introduction, les notes et le dossier
pédagogique.

ISBN 978-2-7011-6168-6
ISSN 1958-0541

CLASSICOCOLLÈGE

Dormez, je le veux !

GEORGES FEYDEAU

Dossier par Maxime Durisotti

Certifié de lettres modernes

BELIN ■ GALLIMARD

Sommaire

Arrêt sur l'œuvre

Groupements de textes

Autour de l'œuvre

Fenêtres sur...

Des ouvrages à lire, des films à voir,
des œuvres d'art à découvrir et un site Internet à consulter

Introduction

En 1897, lorsqu'il fait représenter *Dormez, je le veux!* pour la première fois, Georges Feydeau est un dramaturge déjà très célèbre, dont les comédies et vaudevilles triomphent sur la scène parisienne. Avec cette courte pièce en un seul acte, il propose au public une nouvelle occasion de rire, croisant un thème ancien et un thème moderne. En effet, la pièce exploite d'une part la longue tradition théâtrale qui met en scène les rapports des maîtres et de leurs valets, et d'autre part les découvertes et les goûts de son époque: à la fin du XIXᵉ siècle, l'hypnose est étudiée par des chercheurs scientifiques, et suscite la curiosité du public.

Dans *Dormez, je le veux!*, un domestique réussit à hypnotiser son maître et lui fait effectuer ses propres tâches. Mais non content d'avoir transformé son maître en valet, il veut aussi contrarier son projet de mariage pour le garder à son service. En plaçant l'hypnose au cœur de sa pièce, Feydeau crée une multiplicité de situations comiques.

Personnages

BORIQUET.

JUSTIN.

ÉLOI, *accent belge.*

VALENCOURT.

FRANCINE.

ÉMILIENNE.

Chez Boriquet. Un salon dans un appartement de garçon[1]. Mobilier élégant. Une petite table carrée à gauche, pouvant servir de table à manger. Un petit meuble-console où se trouvent déjà quatre assiettes, quatre couteaux, quatre fourchettes, nappe, serviettes, quatre verres, pain, une bouteille de vin. À droite, une table-bureau avec livres, brochures, encrier, etc. Le bureau doit être plat et très solide, afin de permettre à Boriquet de sauter dessus.

Scène 1
ÉLOI, JUSTIN

JUSTIN, *entrant du fond, suivi d'Éloi qui porte une malle.* – Tiens, viens par ici, toi l'enflammé… Apporte ton colis.

ÉLOI, *accent belge.* – Ouie, ouie, ouie, ça pèse, tu sais à c't'heure. *(Déposant sa malle au milieu de la scène.)* Ouf! Ça est bon tout de même pour une fois de respirer comme qui dirait des épaules.

JUSTIN. – Ah! bien, c'est pas moi qui m'amuserais à trimballer des fardeaux pareils.

ÉLOI. – Gotteferdeck[2], si tu crois que c'est pour mon amusement! C'est mon maître qui me colle ça à porter, savez-vous.

JUSTIN. – Oh! mais moi, il pourrait me coller, ce serait quifquif[3]! d'abord les choses lourdes, ça m'est défendu par mon médecin…

---

1. Garçon: homme célibataire.
2. Gotteferdeck: juron inventé par Feydeau.
3. Ce serait quifquif: ce serait la même chose (orthographe vieillie, on écrit aujourd'hui « kif-kif »).

ÉLOI. – Ah !

JUSTIN. – Je ne mange même pas du homard, ainsi, c'est pas pour porter les malles[1]…

15 ÉLOI. – Tu ne manges pas de homard… moi non plus… mais ça ne m'empêche pas de porter les malles…

JUSTIN. – Pourquoi que tu ne fais pas comme moi ? Je les fais porter au patron.

ÉLOI. – Allaïe !…

20 JUSTIN. – Parole !…

ÉLOI. – Tu fais porter ses bagages à ton patron ?

JUSTIN. – Ses bagages et les miens !

Pendant toute la scène, Justin (2)[2], Éloi (1),
la malle se trouve au milieu d'eux.

ÉLOI. – Allaïe… Ça est un patron pas ordinaire, tu sais ça…

JUSTIN. – Pfeu !…

25 ÉLOI. – Oh ! si, ça est un homme commode !

JUSTIN. – Lui, c'est un ours !… C'est un porc-épic, le patron !…

ÉLOI. – Oh !

JUSTIN, *jetant un coup d'œil vers la porte de droite.* – Seulement j'ai mon système… je le traite par les sciences occultes[3].

Se tournant un peu à droite.

---

1. À la réplique précédente, Justin semblait employer le mot «lourd» au sens propre (choses lourdes à porter, comme la malle), mais ici il joue sur son sens figuré (choses difficiles à digérer, comme le homard).
2. Feydeau utilise des numéros pour indiquer le placement des comédiens sur la scène. Sur un schéma de l'espace scénique, le chiffre 1 indique que le personnage est près du public, les chiffres 2 et 3 qu'il est plus éloigné.
3. Sciences occultes: pratiques qui paraissent magiques parce qu'elles font appel à des forces invisibles (magnétisme, alchimie, divination…).

30 ÉLOI. – Les sciences oc… quoi?

JUSTIN, *se retournant sur Éloi.* – …cultes.

ÉLOI. – Je ne connais pas ces parties-là.

JUSTIN. – Ah! c'est merveilleux! Tiens, j'entends le patron qui vient… Veux-tu que je lui fasse porter ta malle? Eh! bien, tu
35 vas voir!…

Il remonte [1] *derrière la malle.*

Scène 2
LES MÊMES, BORIQUET

BORIQUET, *parler sec* [2]. – Qu'est-ce que c'est? qu'est-ce qui est là?

JUSTIN. – C'est Éloi, Monsieur, le domestique de M. le docteur Valencourt, qui précède son maître avec les malles…

BORIQUET. – Ah!

5 ÉLOI. – Bonjour, Monsieur.

BORIQUET. – Bonjour! Et votre maître alors, et sa fille, ils ne viennent pas déjeuner?

ÉLOI. – Non, Monsieur… ils ont dit, savez-vous, que vous ne les espériez pas [3] à déjeuner… ils ont fait ça au buffet de la gare et
10 ils viendront après pour s'installer chez vous pour une fois.

---

1. **Il remonte**: il se place.
2. **Parler sec**: d'un ton peu aimable.
3. **Que vous ne les espériez pas**: que vous ne les attendiez pas.

BORIQUET. – Ils seront les bienvenus… *(Se tournant vers Justin.)* Justin ! Pour le docteur, la chambre bleue, et pour sa fille, la pièce attenante[1]… Aidez ce garçon à porter les malles jusque-là !

JUSTIN. – Oui, Monsieur…

15 BORIQUET, *allant s'asseoir sur la chaise à droite.* – Allons, mon futur beau-père et sa fille… le sort en est jeté ! C'est aujourd'hui le jour de la demande officielle.

ÉLOI, *il remonte vers Justin qui observe Boriquet, bas à Justin.* – Eh ! bien, je ne vois pas qu'il porte la malle pour une fois.

20 JUSTIN. – Attends donc… *(Allant à pas de loup derrière Boriquet et lui faisant des passes magnétiques[2] dans le dos.)* Tiens, tu vas voir !

> *Justin continue ses passes…*
> *Boriquet subit peu à peu l'effet du fluide[3].*

ÉLOI. – Mais quoi donc est-ce qu'il lui fait à lui envoyer des pichenettes ?

JUSTIN, *se mettant derrière lui.* – Chut… *(À Boriquet.)* Combien
25 de doigts ?

BORIQUET, *endormi.* – Sept.

JUSTIN. – Ça y est !…

ÉLOI. – Ah ! mon Dieu, il est malade.

JUSTIN, *se rapprochant d'Éloi.* – Non… il est, comme on dit, sous
30 l'influence du sommeil hypnotique.

ÉLOI. – Il a l'influenza[4].

---

1. **Attenante** : située à côté.
2. **Passes magnétiques** : gestes des mains exécutés pour provoquer l'hypnose chez quelqu'un.
3. **Fluide** : force invisible.
4. **Influenza** : ancien nom du rhume. Il s'agit d'un jeu de mots : Éloi associe « influenza » et « influence » pour leurs sonorités proches.

JUSTIN, *à Boriquet.* – Allons, arrive ici, toi, moule à gaufres! *(Il dirige Boriquet jusqu'au milieu du théâtre en le guidant avec le doigt.)* Lève la jambe!… l'autre! *(Boriquet exécute successivement tous les* 35 *ordres donnés par Justin.)* Baise ma main! Bien!

ÉLOI. – Il est tout de même bien dressé, savez-vous.

JUSTIN. – Là, maintenant tu es une jolie femme… n'est-ce pas que tu es une jolie femme?

BORIQUET. – Oui, oui, je suis une jolie femme!

Il gagne l'extrémité droite.

40 JUSTIN, *à Boriquet qui exécute en pantomime[1] tous les ordres donnés, toujours en le guidant avec le doigt, devant les yeux de Boriquet, lesquels doivent être fixes.* – Là, promène-toi, ma vieille… là, bien… Ah! un ruisseau… prends garde à ta robe!…

Boriquet fait mine de retrousser sa robe et d'enjamber le ruisseau. Il enjambe la malle. Justin le fait tourner et doit se trouver au 3.

ÉLOI. – Ah! il est rigolo, par exemple.

45 JUSTIN. – Voilà une fleur, tiens… une belle fleur.

Il lui tend le plumeau[2] qu'il a été chercher sur la cheminée à droite, premier plan.

BORIQUET. – Hou! ça sent bon…

Il respire le plumeau avec une satisfaction évidente.

JUSTIN. – Hein, n'est-ce pas?

BORIQUET. – C'est du géranium…

JUSTIN. – Tu l'as dit… *(Il parle à Éloi devant Boriquet.)* Hein! crois-tu 50 qu'on lui fait prendre des vessies pour des lanternes[3].

---

1. **En pantomime**: en faisant des gestes, sans recours à la parole.
2. **Plumeau**: sorte de petit balai formé de plumes, servant à épousseter des objets.
3. **Qu'on lui fait prendre des vessies pour des lanternes**: qu'on lui fait croire des choses absurdes (expression figurée).

ÉLOI. – Pour sûr !

JUSTIN, *à Boriquet.* – Là, rends-moi ta fleur… Allons, veux-tu… C'est qu'il ne veut pas me la rendre…

*Il reprend le plumeau
qu'il remet dans le coin de la cheminée.*

ÉLOI, *au public.* – Fleuriste, va !…

55   JUSTIN, *il revient à Boriquet en tendant la main.* – Et maintenant tu as assez fait le singe ! donne-moi vingt francs ! *(Boriquet tire vingt francs du gousset[1] de son gilet et donne la pièce à Justin, très automatiquement.)* Parfait, eh bien, pour ta peine, prends cette malle et porte-la dans la chambre bleue… quand ce sera fait, tu
60   reviendras… Allez, ffutt !… *(Il lui envoie un coup de pied au bon endroit[2]. À Éloi, pendant que Boriquet sort en emportant la malle.)* Voilà ce qu'on appelle les sciences occultes.

ÉLOI. – C'est drôle, moi j'aurais plutôt appelé ça les coups de pied occultes.

Scène 3

LES MÊMES, *moins* BORIQUET

JUSTIN. – Eh ! bien, qu'est-ce que tu en dis ?

Il vient s'asseoir sur la chaise qui se trouve entre la cheminée et le bureau. Éloi s'assoit sur l'autre chaise qui est de l'autre côté du bureau.

ÉLOI. – Oh ! je suis estomaqué !

_____

1. **Gousset** : petite poche du gilet.
2. **Au bon endroit** : dans le derrière.

JUSTIN. – Voilà comme je comprends la domesticité[1] ! je fais turbiner[2] le patron.

5 ÉLOI. – Oui, c'est comme qui dirait un maître à ton service…
Mais comment est-ce que tu t'y prends pour ça ?

JUSTIN. – Ah ! voilà, j'ai l'œil !… le tout, c'est ça, avoir l'œil… je
regarde le patron en *acuitant* mes prunelles[3]… comme ça…
j'acuite et ça y est !

10 ÉLOI. – T'acuites ?… C'est difficile, ça, d'acuiter ?

JUSTIN. – Non, c'est une affaire de volonté… Ça m'est venu un jour
en regardant une belle fille… je me dis : Pristi[4], cette jeunesse…
j'en ferais bien mes choux gras[5] !… Alors, je me mets à lui faire
de l'œil… histoire d'y faire comprendre la chose. J'ai pas plus
15 tôt commencé, que la v'là qui se met à écarquiller les prunelles,
et v'lan, droit sur moi, son nez dans mon nez, les yeux dans mes
yeux… et qui se met à me suivre alors et à droite et à gauche
et en avant et en arrière ! toujours suspendue au bout de mon
nez… C'est que je ne savais pas comment m'en débarrasser…
20 Ah çà ! saperlotte que je fais, elle ne va pas coucher là pourtant !

Il se lève.

ÉLOI, *se lève.* – C'était donc pas ce que tu voulais ?

JUSTIN. – Au bout de mon nez ? Non… sans compter qu'elle me
faisait loucher… Alors, j'ai eu une inspiration, malgré que j'avais
mangé du cervelas[6], j'ai fait pffou ! *(Il souffle.)* Elle s'est réveillée
25 en faisant pffu ! et voilà comment j'ai su que j'étais *magnétique* !

---

1. Domesticité : fait d'être domestique.
2. Turbiner : travailler.
3. En acuitant mes prunelles : en le fixant des yeux avec intensité (Feydeau
invente le verbe « acuiter »).
4. Pristi : juron.
5. J'en ferais bien mes choux gras : j'aimerais vraiment la séduire.
6. Cervelas : sorte de saucisson.

ÉLOI. – Allaïe!… mais qu'est-ce que tu penses que je pourrais aussi *magnétiquer* mon patron tout comme toi le tien à c't'heure?

JUSTIN. – Mon Dieu, t'as qu'à essayer… puisque c'est une affaire de volonté… tu te mets comme ça derrière ton bonhomme, tu
30 fais comme ça avec tes mains *(Il fait des passes qu'Éloi imite.)*, en pensant «je veux que tu dormes»… tu acuites tes prunelles… Acuite tes prunelles… *(Éloi écarquille les yeux.)* Bien… et après ça, si tu vois que ton patron dort, ça y est, tu peux y aller…

Il remonte un peu vers le fond à droite et écoute.

ÉLOI, *en marchant un peu à gauche.* – Oh! ça est beau, la science!
35 je vas essayer aujourd'hui même, sav'vous! et si le patron y dort pour une fois… Ah bien, allaïe, allaïe, travaille ma vieille! j'y apprendrai le service au bourgeois!

JUSTIN, *voyant Boriquet qui entre, toujours endormi.* – Ah! voilà l'ostrogot[1]!

Scène 4

LES MÊMES, BORIQUET

JUSTIN, *à Boriquet. Il s'avance et le dirigeant avec le doigt.* – Arrive ici, toi! *(Boriquet avance à l'appel de Justin.)* T'as porté la malle?

BORIQUET. – Oui.

JUSTIN, *toujours en le dirigeant avec le doigt.* – C'est bien, assieds-toi.
5 *(Il le fait asseoir sur la chaise à droite et revient à Éloi.)* Maintenant attention, nous allons le réveiller.

Il lui souffle dans la figure.

---

1. Ostrogot: nom d'un peuple germanique du IVe siècle, qui désigne ici un homme mal élevé.

BORIQUET, *se réveillant*. – Pristi, qu'il vient de l'air !…

JUSTIN. – Monsieur a appelé ?

BORIQUET, *toujours assis*. – Non ! Ah ! vous voilà, vous deux ! Vous avez déjà porté la malle ?

JUSTIN. – Oh ! oui, Monsieur… j'en ai les bras cassés…

ÉLOI. – Moi aussi.

BORIQUET. – Mâtin[1], vous n'avez pas mis longtemps, je n'ai pas eu le temps de bouger…

JUSTIN. – Ah ! c'est que quand nous nous y mettons…

BORIQUET, *à part*. – Il y a pas à dire, ce garçon-là, il a des défauts… mais il fait le service avec une rapidité…

ÉLOI, *à Boriquet*. – Je vais par là, Monsieur !

Il se dirige à droite.

BORIQUET. – Oui, allez ! *(À Justin qui suit Éloi.)* Vous, restez !

Éloi sort, seul.

Scène 5
BORIQUET, JUSTIN

JUSTIN. – Monsieur a des ordres à me donner ?

BORIQUET, *se levant*. – Oui ! j'ai ma sœur, Mademoiselle Francine, qui vient déjeuner avec moi.

JUSTIN, *entre ses dents*. – Ah ! la vieille fille !

---

1. Mâtin : interjection exprimant la surprise.

5 BORIQUET, *qui est allé à la table prendre un cigare dans une boîte qui se trouve sur le bureau et l'a introduit dans un fume-cigare.* – Vous dites ?

JUSTIN. – Rien, Monsieur…

BORIQUET. – Il me semblait que vous aviez dit « la belle fille ».

10 JUSTIN. – Oh ! je ne me permettrais pas…

BORIQUET. – Je l'espère.

> *Il allume son cigare et s'assied.*

JUSTIN, *à part.* – Surtout en parlant d'elle !

BORIQUET. – Vous mettrez donc deux couverts… *(Justin remonte.)* Ah ! et puis, avant, vous me nettoierez cette pièce à fond… Elle
15 a été faite à la six-quatre-deux[1] hier, et j'ai été très mécontent de votre ouvrage…

JUSTIN. – Je suis content que Monsieur me le dise, ça ne se renouvellera pas…

BORIQUET. – J'aime à le croire.

20 JUSTIN. – C'est tout ce que Monsieur a à me commander ?

> *Il remonte au fond.*

BORIQUET. – C'est tout… Ah ! si ! à midi précis vous descendrez chez le concierge chercher mon courrier… puis à midi et demi vous descendrez à la cave et vous monterez un crochet de bois[2].

JUSTIN. – Bien Monsieur ! c'est bien tout ?

> *Il fait mine de remonter.*

25 BORIQUET. – Tout !

> *Boriquet est assis dans le fauteuil, face au public,*
> *et fume son cigare.*

---

1. **À la six-quatre-deux** : très rapidement, sans soin.
2. **Un crochet de bois** : une quantité de bois de chauffage.

JUSTIN, *à part. Il redescend derrière Boriquet.* – Et maintenant, à nous deux. *(Il fait des passes magnétiques dans le dos de Boriquet… Celui-ci en subit l'influence peu à peu… Quand Justin le voit endormi, il l'attire à lui en lui plaçant le doigt entre les deux yeux.)* Avance
30 à l'ordre, toi!

BORIQUET. – Quoi?

JUSTIN. – D'abord on ne dit pas «quoi», on dit «Monsieur», tu peux bien dire un peu «Monsieur», à ton tour.

Un peu brusque.

BORIQUET. – Monsieur…

35 **JUSTIN.** – À la bonne heure[1]! *(Lui apportant le balai.)* Tiens, voilà le balai! tu vas faire la pièce à fond… et puis, tu sais, tâche de te remuer… il paraît que tu as été très mécontent de l'ouvrage, hier, que tu as trouvé que ça n'était pas propre, et que tu avais fichu ça comme quatre sous… Eh bien il ne faut pas que ça se
40 renouvelle. Je n'ai pas envie que tu me fasses encore attraper par toi quand tu seras réveillé… C'est compris?

BORIQUET. – Oui, Monsieur.

JUSTIN. – Allez va… et puis tu mettras le couvert pour deux personnes, parce que tu as ta sœur à déjeuner…

45 **BORIQUET.** – Ma sœur?

JUSTIN. – Oui, ta sœur… ta vieille fille de sœur, qui n'a jamais pu trouver chaussure à son pied[2]! Comme si tu avais besoin d'inviter ce laissé-pour-compte[3]!… Nous aurions déjeuné en tête à tête… *(À Boriquet.)* Allez, travaille! *(Voyant Boriquet qui porte son
50 cigare à la bouche.)* Ah! et puis on ne fume pas quand on balaie… Allez, donne-moi ton cigare… Crains rien, je vais te l'entretenir.

---

1. À la bonne heure: voilà qui est bien.
2. Trouver chaussure à son pied: trouver un époux (expression figurée).
3. Laissé-pour-compte: personne à qui nul ne s'intéresse.

Là, va-z-y mon garçon! (*Justin, après avoir retiré le cigare du fume-cigare de Boriquet, s'installe bien à son aise à fumer sur la chaise de droite, pendant que Boriquet commence à balayer.*) C'est ça! Eh! bien
55 voilà comment je comprends le service, moi! Excellent cigare!... (*Voyant Boriquet qui balaie mollement.*) Eh! dis donc, là-bas... où donc que tu as appris à balayer? C'est pas un pinceau que tu as dans les mains! t'as l'air de faire des miniatures... allons, un peu de vigueur, mon vieux... plus fort que ça... (*Boriquet balaie*
60 *plus fort.*) encore! Allons, encore! (*Boriquet balaie vertigineusement. Au public.*) C'est ça... Ah! c'est que si je ne le secoue pas, je le connais, c'est un *feignant!* Non mais croyez-vous que c'est commode! je me fais les mains blanches pendant que c'est lui qui attrape des ampoules! Il me fait mon ouvrage et je lui fume
65 ses cigares! Voilà du véritable libre-échange[1]!... (*Boriquet balaie sous son nez. Toussant.*) Eh fais donc attention, tu me fiches de la poussière! Allons, c'est bien! t'as assez balayé comme ça... (*Il lui reprend le balai qu'il va remettre dans le coin de la cheminée.*) C'est assez propre pour toi! si tu n'es pas satisfait, tu le diras!...
70 L'ouvrage est fait, on va te réveiller... Seulement, à midi, je te suggère d'aller chez le concierge chercher le courrier; tu l'apporteras sur cette table et correctement, tu sais! là, comme je fais (*Il remonte et descend en disant*): «le courrier de Monsieur», après quoi tu te réveilleras... de même, à midi et demi, tu descendras à
75 la cave et tu monteras un crochet de bois! C'est entendu! C'est bien, assieds-toi là... (*Il le fait asseoir sur la chaise de droite.*) Ah attends!... (*Il tire encore une ou deux bouffées du cigare qu'il fume, après quoi il le replace dans le fume-cigare de Boriquet qui se trouve par conséquent dans la position dans laquelle il s'est endormi.*) Là,
80 et maintenant...

Il lui souffle dans la figure pour le réveiller.

---

1. En économie, le libre-échange désigne la liberté de commercer entre des pays. Justin veut ainsi dire qu'il apprécie l'échange des fonctions de patron et celles d'employé de maison.

JUSTIN. – Là, Monsieur, l'ouvrage est terminé.

BORIQUET. – Déjà? Ah çà! mais où diable trouvez-vous le temps?

JUSTIN. – Oh! Monsieur, je peux dire que je fais mon service sans m'en apercevoir.

85 BORIQUET. – C'est extraordinaire… Oh! mais que j'ai chaud… C'est drôle, je n'ai pas bougé de place… et je suis en transpiration comme si j'avais fait une demi-heure d'exercice.

JUSTIN. – C'est le printemps, Monsieur, c'est le printemps.

BORIQUET. – Nous n'y sommes pas encore, au printemps.

90 JUSTIN. – Mais il va venir, Monsieur, il va venir.

On sonne.

BORIQUET. – C'est bien, on a sonné! allez ouvrir!

JUSTIN. – Oui, Monsieur…

Il sort.

BORIQUET. – Vraiment, il y a des phénomènes que je ne m'explique pas, il se passe en moi quelque chose d'anormal…

Un quiz pour commencer

Cochez les bonnes réponses.

❶ *Où l'action de la pièce se déroule-t-elle ?*

□   Dans la chambre de Justin.

□   Dans la cuisine.

□   Dans le salon de Boriquet.

❷ *Quel est le point commun entre Justin et Éloi ?*

□   Ils emploient tous deux des domestiques.

□   Ils sont tous deux domestiques.

□   Ce sont tous deux des amis de Boriquet.

❸ *Comment Justin donne-t-il des ordres à Boriquet ?*

□   Il l'hypnotise.

□   Il utilise une formule magique.

□   Il le menace.

❹ *Comment Justin s'y prend-il pour hypnotiser Boriquet ?*
- ❏ Il claque des doigts.
- ❏ Il fait un clin d'œil.
- ❏ Il fait des gestes de la main dans son dos.

❺ *Comment Justin ridiculise-t-il son maître ?*
- ❏ Il lui demande de danser.
- ❏ Il le déguise en chien.
- ❏ Il le fait agir comme une femme.

❻ *Comment Justin a-t-il découvert son pouvoir ?*
- ❏ En faisant la cuisine.
- ❏ En tentant de séduire une jeune femme.
- ❏ En discutant avec Boriquet.

❼ *Qu'ordonne Justin à son maître lorsque celui-ci est sous son influence ?*
- ❏ D'annuler son mariage.
- ❏ De régler la pendule et de faire la cuisine.
- ❏ De mettre le couvert et de faire le ménage.

❽ *Quelle est la réaction de Boriquet après que Justin l'a réveillé ?*
- ❏ Il est en colère contre Justin.
- ❏ Il a chaud et s'en étonne.
- ❏ Il se met à pleurer.

Des questions pour aller plus loin

☛ Découvrir l'exposition de la pièce

Les deux visages de Justin

❶ Sur quel ton Justin s'adresse-t-il à Éloi (scène 1) et à Boriquet (scène 2)? Quel trait de caractère du domestique découvre-t-on ici?

❷ Quel niveau de langue est employé par Justin? Justifiez votre réponse par trois citations extraites de la première scène.

❸ À quoi Justin compare-t-il Boriquet dans la première scène? Quel est l'effet produit?

❹ En vous appuyant sur les réponses aux questions précédentes, dressez le portrait moral de Justin.

Une pièce comique

❺ Quel est l'accent d'Éloi? Relevez quatre mots ou expressions qui le font entendre.

❻ Expliquez la dernière réplique de la scène 2. À quel type de comique a-t-on affaire ici?

❼ À la scène 3, Justin emploie le verbe «acuiter» (p. 15). Appuyez-vous sur les didascalies pour dire quelle action le domestique désigne par ce mot. Quel est l'effet produit et pourquoi?

❽ Quelles attitudes ou mimiques rendent Éloi amusant lorsqu'il écoute Justin lui expliquer comment hypnotiser les gens (scène 3)?

❾ À l'aide des réponses aux questions précédentes, récapitulez les types de comique rencontrés dans les cinq premières scènes.

L'hypnose, un mécanisme théâtral

❿ Comment Justin s'adresse-t-il à Boriquet lorsqu'il le tient sous son pouvoir (scène 2)? Appuyez votre réponse sur quelques citations.

⓫ Quel est le ton employé par Justin lorsqu'il donne des ordres à Boriquet à la scène 5? Observez le mode des verbes employés et relevez les marques de mépris.

⓬ En quoi Boriquet est-il ridicule lorsqu'il est sous le pouvoir de Justin (scènes 2 et 5)?

⓭ Dans les scènes 2 et 4, relevez les didascalies montrant que Justin manipule Boriquet comme s'il était un pantin. À quel type de théâtre cela peut-il vous faire penser?

⓮ À la scène 5, Boriquet reproche à Justin de ne pas s'être appliqué lorsqu'il a fait le ménage dans l'appartement. Qui est en réalité responsable? Quel est l'effet produit par ces reproches?

Rappelez-vous!

On appelle «scènes d'exposition» les premières scènes d'une pièce de théâtre. Elles permettent de présenter les personnages, de poser les jalons de l'intrigue et donnent le ton de la pièce. Dans *Dormez, je le veux!* Feydeau reprend un thème traditionnel au théâtre: un valet essaie de prendre le pouvoir sur son maître. L'attitude ridicule du maître hypnotisé et la naïveté d'Éloi provoquent les premiers éclats de rire du public.

De la lecture à l'écriture

Des mots pour mieux écrire

❶ a. « Voilà comme je comprends la domesticité ! » s'exclame Justin au début de la scène 3 (p. 15). *Dans un dictionnaire, cherchez l'étymologie du mot « domesticité ». Que signifie le mot latin dont il est issu ?*

b. *Reliez chacun des mots suivants à sa définition.*

Domestique (nom) •	• Habitation, lieu où l'on vit.
Domestique (adj.) •	• Employé de maison chargé des tâches ménagères.
Domicile •	• Action d'apprivoiser les animaux.
Domestiquer •	• Situation dans laquelle se trouve un domestique.
Domesticité •	• Qui concerne la maison.

❷ a. *À l'aide d'un dictionnaire, classez les mots suivants selon l'intensité de leur sens, du moins fort au plus fort :* ordonner, suggérer, demander, conseiller.

b. *Cherchez les différents sens possibles du verbe « suggérer » et donnez un mot de la même famille.*

À vous d'écrire

❶ Seul sur scène, Éloi essaie de mettre en pratique les conseils de Justin et tente d'hypnotiser le chat de Boriquet. Imaginez la manière dont Éloi hypnotise l'animal (gestes, mimiques, formules magiques...) et ses conséquences comiques.

Consigne. Votre texte, d'une vingtaine de lignes, respectera les règles de l'écriture théâtrale. N'oubliez pas d'employer des didascalies.

❷ Imaginez que vous disposez du même pouvoir que Justin. Racontez de quelle façon vous l'avez employé : avez-vous fait agir quelqu'un à votre gré ? Vous êtes-vous déchargé(e) d'une tâche pénible ?
Consigne. Proposez un récit d'une vingtaine de lignes racontant cette expérience. Utilisez la première personne du singulier et les temps du récit au passé (imparfait et passé simple).

Du texte à l'image

➡ Mise en scène de *Dormez, je le veux !* par Ivan Heidsieck au Théâtre Montmartre Galabru, 2011.
(Image reproduite en début d'ouvrage, au verso de la couverture.)

👁 *Lire l'image*

❶ En observant notamment l'arrière-plan, dites quels éléments indiquent que la photographie est tirée d'une mise en scène de théâtre.
❷ Comparez les vêtements, l'expression et l'attitude des deux personnages : quels sont leurs points communs et leurs différences ? Selon vous, le metteur en scène a-t-il cherché à rapprocher ou au contraire à opposer les deux personnages ?

📃 *Comparer le texte et l'image*

❸ Selon vous, qui sont les deux personnages photographiés ? Appuyez votre réponse sur quelques citations du texte.

❹ Dans la première partie de la pièce, retrouvez l'expression désignant le geste que font les personnages sur la photographie.

❺ Quel moment de la pièce cette photographie peut-elle représenter ? Citez un passage précis.

🖉 À vous de créer

❻ De quelle autre façon ce passage aurait-il pu être mis en scène ? Imaginez une façon de le représenter et rédigez une note d'intention de mise en scène : position des acteurs, gestes, expressions du visage, intonations. Présentez votre travail à l'aide d'un logiciel de traitement de texte.

Scène 6

BORIQUET, JUSTIN *puis* FRANCINE

JUSTIN, *entrant.* – C'est Mademoiselle Boriquet.

BORIQUET. – Ma sœur, faites entrer.

> *Justin fait signe d'entrer à Mlle Francine.*

FRANCINE, *entrant.* – Bonjour Gérard, comment vas-tu ? Montre-moi ta petite figure, tu es pâlot !

> *Elle remonte, va à la cheminée*
> *et ôte son chapeau qu'elle place sur la cheminée.*

5 BORIQUET. – Pâlot !… Au contraire, je dois être rouge, je le disais à l'instant à Justin. Je me donne le moins de mouvement possible, je m'assieds en fumant un cigare… ça suffit, je suis en transpiration comme si j'avais fait un kilomètre au pas de course.

Pendant ce temps, Justin prend la table qui se trouve au fond, à gauche, près du petit meuble, place cette table au milieu du théâtre et prépare le couvert.

FRANCINE. – C'est peut-être le cigare qui ne te vaut rien.

10 BORIQUET. – Je ne sais pas… ça m'arrive généralement à ces heures-ci, n'est-ce pas Justin ?

JUSTIN, *qui en mettant le couvert écoute et observe ce que dit Boriquet.* – Plutôt, oui Monsieur.

BORIQUET. – N'est-ce pas… c'est toujours à peu près aux heures
15   où vous faites l'appartement[1].

JUSTIN, *toujours en observant.* – Comme par hasard ! Oui, Monsieur !

FRANCINE. – C'est curieux ! Ça doit venir du foie…

BORIQUET. – Il faudra que j'en parle au docteur… *(À Justin.)*
C'est bien, Justin, laissez-nous ! Vous servirez dès que ce sera prêt.

Justin sort.

20   FRANCINE. – Le docteur Valencourt et sa fille ne déjeunent pas
avec nous ?

BORIQUET, *il s'assied sur le canapé.* – Non, tu sais ils ont passé la
nuit en chemin de fer, alors le temps de s'arranger, de s'installer,
ça nous aurait fait déjeuner trop tard… ils ont préféré manger
25   un morceau au buffet de la gare. Ils arriveront tout à l'heure…

FRANCINE, *émue, en lui tendant les mains.* – Mon pauvre Gérard, va !

BORIQUET. – Quoi ?

FRANCINE, *elle s'assied sur la chaise de droite.* – Quand je pense que
bientôt tu seras un homme marié, que tu auras un ménage[2],
30   des enfants…

BORIQUET, *sur le canapé.* – Eh bien ! ce sont les lois naturelles.

FRANCINE. – Oui, mais qu'est-ce que je serai moi alors pour toi ?

BORIQUET, *avec élan.* – Oh ! mais n'aie pas peur, tu seras toujours
ma sœur !

35   FRANCINE, *très émue.* – Oui n'est-ce pas !

BORIQUET. – Je te promets !

FRANCINE. – Ça n'empêche pas, va, que je suis très heureuse pour
toi ! C'est un très joli mariage que tu vas faire là ! Mademoiselle

---

1. Vous faites l'appartement : vous faites le ménage dans l'appartement.
2. Ménage : foyer, maison d'un couple marié.

Valencourt est charmante, c'est un excellent parti[1]! Son père
40 est un médecin des plus distingués.

BORIQUET. – Valencourt, je crois bien! une des gloires de l'École
de Nancy, un des protagonistes les plus triomphants[2] du magnétisme appliqué à la médecine, la guérison par suggestion[3]! Il
est très fort.

45 FRANCINE. – Oui, il paraît que ce n'est pas de la plaisanterie! Moi,
je ne sais pas, je me demande comment on peut endormir les
gens rien qu'en les regardant.

BORIQUET. – Mais, ma chère amie, ça dépend des natures, tout
ça, il faut des tempéraments[4] faibles, nerveux… évidemment
50 moi parbleu, on ne m'endormirait pas…

FRANCINE. – Je pense bien. C'est égal, je demanderai au docteur
de me faire assister une fois à des expériences.

BORIQUET. – Après mon mariage, si tu veux.

FRANCINE. – Mon pauvre chéri, je crois bien!… Mais ça va aller
55 rondement[5]… puisque tout est décidé en principe et que le
docteur ne vient à Paris que pour vous fiancer officiellement.

BORIQUET. – Et je n'en suis pas fâché, parce que vois-tu, si on
ne se marie pas à mon âge, après, il est trop tard… Le mariage,
vois-tu Francine…

*À ce moment, la pendule sonne midi. Le visage de Boriquet change
d'expression, le regard devient fixe comme celui d'une personne sous
l'influence de l'hypnotisme.*

---

1. Excellent parti: personne à marier qui a une bonne situation sociale et
financière.
2. Un des protagonistes les plus triomphants: une des personnalités les plus
importantes.
3. Suggestion: fait d'inspirer une pensée ou un comportement chez une personne
en état d'hypnose.
4. Tempéraments: caractères.
5. Rondement: rapidement.

60 FRANCINE. – Tiens midi! *(À Boriquet.)* Tu disais?… *(Apercevant le visage de Boriquet.)* Ah! mon Dieu, qu'est-ce que tu as?… *(Boriquet ne répond pas.)* Gérard!

> *Au douzième coup de midi, Boriquet se lève, comme mû[1]*
> *par un ressort, et sort précipitamment par le fond.*

Scène 7

FRANCINE, *puis* JUSTIN, *puis* BORIQUET

FRANCINE. – Mais où va-t-il?… *(Appelant.)* Gérard!… Il ne répond pas!… Qu'est-ce qu'il lui prend, mon Dieu, qu'est-ce qu'il lui prend?…

JUSTIN, *entrant de droite avec un poulet sur un plat et un saladier*
5 *contenant de la salade.* – On va pouvoir servir… Tiens, Monsieur n'est pas là?…

> *Il pose le plat et le saladier sur le petit meuble de gauche.*

FRANCINE. – Ah! Justin, qu'est-ce qu'a mon frère?… Au moment où midi a sonné, il est parti comme un fou…

JUSTIN, *à part.* – Ah! je comprends, il est allé chercher le courrier
10 chez le concierge.

FRANCINE. – Où est-il allé?

JUSTIN. – Que Mademoiselle ne se tourmente pas… Monsieur a comme ça, de temps en temps, des lubies[2]: il va et puis il revient… c'est inoffensif… le mieux est de ne pas lui en parler.

---

1. **Mû**: mis en mouvement.
2. **Lubies**: idées ou comportements excentriques.

15   **FRANCINE.** – Oh! mais je suis très inquiète! Mon pauvre Gérard, ce n'est pas naturel… Figurez-vous: je causais avec lui, tout à coup, il s'arrête… je le regarde comme je vous regarde… *(Elle regarde Justin qui la fixe; manifestement impressionnée, elle répète machinalement.)* Comme je vous… *(À Justin.)* Ne me regardez
20   pas comme ça! ça me tourne dans la tête.

JUSTIN, *à part.* – Tiens! tiens, voyons donc!

FRANCINE, *à part.* – C'est drôle, l'impression que me font ses yeux.

JUSTIN, *à part.* – Au fait, le frère et la sœur, ça doit être le même tempérament.

25   **FRANCINE,** *à Justin qui lui fait des passes dans le dos pour essayer de son fluide.* – Je le regarde donc… comme… comme… je ne vous regarde plus… et je m'aperçois tout à coup que… que que…

                                                 Elle reste immobile et endormie.

JUSTIN, *triomphant.* – Elle aussi! Ah! bien, ça va bien!… Allons, c'est toujours bon d'avoir toute la famille dans la main [1].

                    Il lui souffle au visage pour la réveiller et revient à la table, faisant mine de ranger le couvert.

30   **FRANCINE,** *se réveillant.* – Où suis-je? Ah! mon Dieu, qu'est-ce que j'ai eu?

JUSTIN, *tout en rangeant le couvert.* – Mais rien du tout, Mademoiselle!

FRANCINE. – C'est drôle, il s'est passé quelque chose en moi… Qu'est-ce que je vous disais donc?

35   **JUSTIN.** – Vous me parliez de l'émotion que vous avez eue en voyant partir M. Boriquet… mais je vous le répète, Mademoiselle, ne vous inquiétez pas, ce n'est rien… et tenez, voilà Monsieur qui revient.

---

1. Dans la main: sous mon contrôle.

FRANCINE. – Lui ! Ah ! regardez-moi comme ses traits sont contrac-
40 tés ! *(À Boriquet.)* Gérard !

BORIQUET, *avançant de son pas de somnambule[1] jusqu'au bureau
à droite. Il a un paquet de lettres et de journaux sur un plateau ; le
déposant sur le guéridon[2].* – Le courrier de Monsieur.

FRANCINE. – Hein !

*Boriquet semble éprouver une secousse intérieure, et, n'étant plus sous
l'influence de la suggestion, son visage, de fixe et immobile qu'il était,
redevient calme et riant.*

45 **FRANCINE.** – Qu'est-ce que tu as dit ?

BORIQUET, *reprenant où il en était avant de s'endormir.* – Je disais :
« Le mariage, vois-tu, Francine… »

FRANCINE. – Mais non ! tu as dit : « Le courrier de Monsieur. »

BORIQUET. – Moi ! tu es folle !

50 **JUSTIN,** *bas à Francine.* – Ne le contrariez pas, Mademoiselle !

BORIQUET. – Voyons, Justin, est-ce que j'ai dit : « Le courrier de
Monsieur » ?

JUSTIN, *derrière la table.* – Je n'ai pas entendu, Monsieur !

BORIQUET. – Parbleu ! Pourquoi est-ce que j'aurais dit… Non !
55 je disais : « Le mariage, vois-tu, Francine »… Tu as entendu « Le
courrier de Monsieur ».

FRANCINE. – Ah ! tu crois…

BORIQUET. – Mais oui ! *(À part.)* Elle devient un peu sourde, ma
sœur.

60 **FRANCINE,** *à part.* – Pauvre garçon !…

---

1. Somnambule : personne qui, durant son sommeil, se lève et agit comme si elle
était éveillée.
2. Guéridon : petite table ronde.

BORIQUET. – Allons, Justin, servez !

JUSTIN. – Oh ! mais il y a longtemps que ça refroidit sur la table, Monsieur.

BORIQUET. – Eh ! que ne le dites-vous ? *(À Francine.)* Francine,
65 à table !

FRANCINE. – Oui, mon ami… *(Allant à la table, à part.)* Mon frère m'inquiète bien !…

> *Ils s'installent à table.*
> *Justin place sur la table le poulet et la salade.*

BORIQUET. – Sers-toi, Francine…

JUSTIN, *à part.* – C'est ça, et moi il faut que je regarde manger !…
70 Attends un peu.

> *Il va chercher la bouteille de vin qui se trouve sur le petit*
> *meuble à gauche et verse à Boriquet et à Francine.*

BORIQUET. – Eh bien ! Justin, venez donc à notre service.

JUSTIN, *qui est remonté un peu*[1]. – J'y allais, Monsieur.

Il va se placer derrière la table, entre Boriquet et Francine, et face au public. Pendant que l'un et l'autre se servent, il leur fait des passes magnétiques.

BORIQUET. – Tiens ! prends donc ce morceau de… de… de…

> *Il s'endort.*

FRANCINE. – Qu'est-ce que tu dis ? Ah çà ! tu ne sais donc plus ce
75 que… que… que…

> *Elle s'endort.*

JUSTIN, *l'imitant.* – Allez ! toi non plus, tu ne sais plus ce que…
que que… *(Triomphant.)* Et voilà ! je tiens la paire !…

---

1. Qui est remonté un peu : qui a reculé un peu. Feydeau fait ici référence à l'espace de la scène.

Scène 8

LES MÊMES, ÉLOI

ÉLOI, *entrant de droite.* – Allaïe! Allaïe! Qu'est-ce que tu fais là à c't'heure?

JUSTIN. – Eh bien! tu vois, j'augmente mon personnel[1].

ÉLOI. – Ah! ça, c'est épatant!

5   JUSTIN, *aux deux personnages endormis.* – Allez, houste! vous autres, debout! *(Boriquet et Francine se dressent comme mus par un ressort. À Éloi.)* T'arrives bien, j'allais faire servir. Tu déjeunes avec moi?

ÉLOI. – Avec du plaisir.

Il s'assied à la place de Francine.

JUSTIN, *s'asseyant à la place de Boriquet.* – Allez, mettez deux couverts.

Boriquet et Francine s'empressent de changer les couverts.

10   ÉLOI. – Ça est des bons domestiques tout de même!

JUSTIN, *en déployant sa serviette.* – Qu'est-ce que tu veux, ils ne sont pas du métier!

Ils s'asseyent en face l'un de l'autre.

JUSTIN. – Allons, passez le poulet! *(Boriquet et Francine se précipitent sur le plat de poulet, voulant chacun se servir.)* Allons, ne vous
15   disputez pas! pas tant de zèle! *(À Boriquet.)* Tiens, sers le poulet, toi, la petite mère passera la salade.

Ils font comme Justin leur dit.

---

1. Personnel: ensemble des domestiques employés par quelqu'un.

ÉLOI, *se servant*. – Oui, ça est pas dommage… j'ai une faim consé-
quente, sais-tu… *(À Justin qui le regarde se servir.)* Pourquoi t'est-ce
que tu me reluques[1] ?

20 **JUSTIN**. – Non, rien… je regardais si tu ne prenais pas mon morceau.

ÉLOI. – J'ai pris un pilon, pour une fois.

JUSTIN. – Oui, oui, c'est bien… moi je prends le croupion, alors !
(À Francine.) La salade !…

         Francine lui présente la salade.

ÉLOI, *pendant que Justin se sert*. – Il faut nous dépêcher, sais-tu,
25 parce que le docteur Valencourt il va arriver, tu sais, avec sa *file*.

JUSTIN, *pendant qu'Éloi se sert*. – Au fait, qu'est-ce qu'ils viennent
faire à Paris ? Pourquoi sont-ils venus demander l'hospitalité au
bourgeois ?

ÉLOI. – Ça, je crois que c'est pour un mariage… qu'il veut marier
30 sa *file*, le docteur.

JUSTIN. – Avec qui ?

ÉLOI. – Ça je peux pas dire, sav'vous !

JUSTIN. – Pas avec mon patron, j'espère ?

ÉLOI. – Oh ! penses-tu, il est trop *viel* !

35 **JUSTIN**. – À la bonne heure, parce que sans ça…

ÉLOI, *à Francine qui n'a pas cessé de faire le service, ainsi que son
frère, versant à boire, etc.* – Je reprendrais bien de la salade… Eh ! la
file… Eh ! *(Francine ne bouge pas.)* Eh ! là ! *(À Justin.)* Elle n'écoute
pas, ta *laquaite*[2], dis donc !

---

1. Tu me reluques : tu me regardes avec insistance (familier).
2. Laquaite : féminin de laquais, domestique (mot inventé par Feydeau).

40 JUSTIN. – Eh bien ! Francine, t'entends pas ! Monsieur te demande de la salade !

Francine se précipite avec le saladier vers Éloi.

ÉLOI. – C'est mirifique[1] !… Oh ! il n'y a pas, il faudra que j'essaye ça avec mon patron !

On sonne.

JUSTIN, *effrayé, en posant sa serviette.* – On a sonné !

45 ÉLOI. – Oh ! ça est bien sûr le docteur avec sa *file*.

JUSTIN, *bondissant.* – Ah ! mon Dieu, il faut que je les réveille !… Toi, va ouvrir !

ÉLOI. – Oui.

Il sort vivement par le fond.

JUSTIN. – Vous, les autres, ici ! *(Il les fait asseoir chacun à la place*
50 *qu'il occupait primitivement.)* Bien ! *(Nouant sa serviette au cou de Boriquet.)* Là ! mangez ! *(Tous deux mangent.)* Et maintenant réveillons-les ! *(Il verse du vin à Boriquet et à Francine, pour se donner une contenance[2], puis il souffle sur leur front, l'un et l'autre se réveillent.)* Là !

Puis il se tient droit et correct comme un domestique en service.

55 BORIQUET, *mangeant.* – Il est bon, ce poulet !

FRANCINE. – Très bon.

ÉLOI, *entrant vivement.* – Monsieur… ça est le docteur Valencourt et mademoiselle idem[3] !

---

1. Mirifique : extraordinaire.
2. Pour se donner une contenance : pour donner l'impression qu'il les servait.
3. Idem : « la même chose », en latin. Éloi emploie ce mot pour dire qu'Émilienne porte le même nom que son père.

BORIQUET, *se levant vivement.* – Eux ! *(À Francine.)* Vite, Francine,
60 c'est ma fiancée et son père.

JUSTIN. – Hein !

FRANCINE. – Son père et sa fiancée ! Courons !

Ils sortent vivement.

Scène 9
JUSTIN, ÉLOI

JUSTIN, *en replaçant la table près du petit meuble de gauche.* – Qu'est-ce
qu'il a dit ?

ÉLOI. – Il a dit : « sa fiancée ».

JUSTIN. – Mais oui, il a dit « sa fiancée »… Ah ! c'est trop fort ! Ah !
5 il croit que je vais le laisser se marier.

ÉLOI. – Si c'est pas saligaud[1], à son âge !

JUSTIN, *en disant ce qui suit, il replace les couverts sur le petit meuble.*
– Oui, oh ! mais ça ne se fera pas !… Je suis là, moi… le vieux
cachottier, il ne me le disait pas… mais tu vas voir, mon bon-
10 homme… Merci ! une femme ici ! pour troubler notre ménage !
pour me mettre des bâtons dans les roues, oui ! Ah ! bien ! qui
est-ce qui ferait les chambres alors ?

ÉLOI. – Fais silence à c't'heure, les voilà !

---

1. **Saligaud** : ignoble, répugnant (familier).

Scène 10

Les mêmes, Boriquet, Francine, Valencourt, Émilienne

Boriquet. – Arrivez donc, mon cher docteur… que j'avais hâte de vous recevoir.

Valencourt. – Vous êtes mille fois gentil… Vous ne nous avez pas attendus à déjeuner, au moins ?

5 **Boriquet.** – Non, votre domestique nous avait prévenus.

Francine. – Et vous n'avez pas été fatiguée par le voyage, ma chère enfant ?

Émilienne. – Oh ! moi je dors très bien en wagon… c'est ce pauvre papa qui n'a pas fermé l'œil.

10 **Boriquet.** – C'est vrai ?

Valencourt. – Oh ! ça m'a fourbu[1]… une nuit blanche en chemin de fer, vous savez…

Boriquet. – Voulez-vous vous reposer, vos chambres sont prêtes…

Valencourt. – Oh ! merci. Les siestes, ça m'alourdit pour toute 15 la journée.

Francine. – Et vous, ma chère Émilienne ?

Émilienne. – Oh ! moi, mademoiselle, je voudrais seulement quitter mon manteau de voyage et me nettoyer un peu… on reçoit tant de poussière en route !

20 **Boriquet,** *à Justin.* – Tenez, voulez-vous conduire mademoiselle jusque dans sa chambre ?

---

1. **Fourbu**: fatigué.

Valencourt, *à Éloi.* – Et vous, Éloi, allez défaire ma valise…

Éloi. – Oui, Monsieur !

Justin, *à Émilienne.* – Si Mademoiselle veut me suivre… *(À lui-même.)* Allons, Justin, c'est le moment de la lutte.

Sortie d'Émilienne, suivie de Justin et d'Éloi, à droite.

Scène 11
Boriquet, Francine, Valencourt

Boriquet, *redescendant, à Valencourt qui, pendant la fin de la scène, a somnolé tout debout.* – Eh bien ! mon cher docteur !

Valencourt, *sursautant.* – Hein ! quoi ! qu'est-ce que c'est ?

Boriquet. – Oh ! je vous ai réveillé !

Valencourt. – Non… non… je m'étais laissé aller à fermer les yeux… ce n'est rien !… je suis à vous !…

Boriquet, *assis au milieu.* – Eh ! bien, mon cher docteur, puisque nous voilà réunis tous les trois, voulez-vous que nous parlions un peu du projet qui m'est si cher ?

Valencourt, *assis sur le canapé.* – Volontiers… D'ailleurs ce ne sera pas long ! Je ne vous ai pas caché que comme gendre[1] vous me convenez parfaitement ; restait à connaître les intentions de ma fille, je lui ai fait part de votre demande, elle a accédé[2] tout de suite.

Boriquet. – Oh ! que c'est aimable !

---

1. Gendre : beau-fils, époux de sa fille.
2. Accédé : accepté.

VALENCOURT. – Elle m'a dit : « Oh ! oui, lui, si tu veux, mais bien vite papa, parce que j'ai parié avec ma cousine que je serais mariée avant la fin de l'année… » Alors, ça lui fait gagner son pari !

BORIQUET. – Je suis touché de ses sentiments à mon égard.

20 VALENCOURT. – Et maintenant, je suis rond en affaires[1] !… Vous avez ?…

BORIQUET. – Trente-huit ans !

VALENCOURT. – Non, de fortune…

BORIQUET. – Ah ! douze mille livres de rentes tant sur l'État qu'en
25 Ville de Paris… Chemins de fer… Suez… quelques Panama[2]…

VALENCOURT, *avec une moue.* – Oh ! le Panama !

BORIQUET. – Oui, je sais bien.

VALENCOURT. – Matière à rincer[3], pour moi, le Panama !

BORIQUET. – Maintenant, il y a ce que je gagne, qui varie entre
30 quinze et vingt-cinq par an.

VALENCOURT. – Et… des espérances[4] ?

BORIQUET. – Certainement ! ma sœur ici présente…

FRANCINE, *qui est assise de l'autre côté du bureau.* – Tu me réalises tout de suite[5].

35 BORIQUET. – Non, je te porte en compte.

VALENCOURT. – Eh bien moi, je donne à ma fille trois cent mille francs, également en rentes sur l'État, Foncières, quelques actions des Mines d'or de Saint-Germain-en-Laye.

---

1. **Je suis rond en affaires** : j'agis avec franchise, je vais droit au but.
2. Boriquet détaille ses sources de revenus, notamment les parts qu'il possède dans diverses sociétés.
3. **Matière à rincer** : il faudrait s'en débarrasser.
4. **Des espérances** : de possibles héritages.
5. **Tu me réalises tout de suite** : tu imagines que tu hérites déjà de moi.

BORIQUET. – Les mines de Saint-Germain-en-Laye, mais ç'a été
40 un coup monté, vous savez! ça ne vaut rien!

VALENCOURT. – En effet, on m'a dit: «Défaites-vous de ça au plus
vite», alors, je vous les constitue en dot[1].

BORIQUET. – C'est que…

VALENCOURT. – Oh! mais il y en a très peu… et le reste est bon…

45 BORIQUET, *en se levant.* – D'ailleurs, je n'en fais point une question d'argent!

VALENCOURT. – Allons, puisque c'est comme ça, mon gendre,
dans mes bras.
Il se lève et tend les bras à Boriquet.

FRANCINE, *très émue, s'y précipitant.* – Ah! Monsieur!

50 VALENCOURT. – Hein! Non, c'est à votre frère que je disais ça.

FRANCINE. – Oui, je sais bien… vas-y, Gérard!

BORIQUET. – Ah! merci mon cher beau-père!

VALENCOURT. – Et maintenant pour votre fiancée, bien que je
sois sûr de son agrément[2], il est bon que vous vous déclariez
55 vous-même… nous nous arrangerons pour vous ménager un tête-
à-tête, tout à l'heure, et vous pourrez commencer votre cour[3]…

BORIQUET. – Ah! mon cher docteur… vous me rendez le plus
heureux des hommes… aussi laissez-moi vous dire une chose que
j'ai là, sur le cœur… *(Midi et demi sonnent à la pendule. La figure
60 de Boriquet se transforme, devient fixe et il se retourne en disant:)* Je
vais monter le bois.

FRANCINE *et* VALENCOURT. – Hein!

Boriquet sort précipitamment avec une allure automatique.

---

1. Dot: somme d'argent offerte par les parents d'une jeune fille lors de son mariage.
2. Agrément: accord.
3. Commencer votre cour: lui faire des compliments afin de la séduire.

FRANCINE. – Ah! mon Dieu, ça le reprend!

VALENCOURT. – Qu'est-ce qu'il a?

65 FRANCINE, *courant et appelant au fond.* – Gérard, Gérard... mais il s'en va... il est dans l'escalier.

VALENCOURT. – Ça lui prend souvent ces fantaisies-là?

FRANCINE, *très agitée.* – Ah! je ne sais pas... Ah! là! là!... *(Appelant au fond.)* Justin... Justin...

Scène 12
LES MÊMES, JUSTIN

JUSTIN, *arrivant par la porte de droite.* – Mademoiselle m'appelle?

FRANCINE. – Ah! Justin, qu'est-ce que ça veut dire, voyons... voilà encore votre maître qui vient de partir...

JUSTIN, *feignant l'étonnement.* – Monsieur?

5 VALENCOURT. – Oui, en disant «Je vais monter le bois».

JUSTIN. – Tiens! Quelle heure est-il donc?

FRANCINE. – Comment? Quelle heure?

JUSTIN, *à part.* – Midi et demi! Ah! il est descendu à la cave *(Haut.)* Que Mademoiselle ne s'inquiète pas... comme ça, à certaines 10 heures fixes, il prend des lubies à Monsieur! il va chercher ses lettres... il monte du bois... c'est inoffensif et même il vaut mieux ne pas lui en parler après, parce que ça le vexe.

FRANCINE. – Mais enfin, ça n'est pas naturel, docteur!

15 **VALENCOURT.** – Qu'est-ce que vous voulez? Il y a quelquefois comme ça des natures ordonnées[1].

• **JUSTIN.** – Et puis, je crois que c'est par hygiène… c'est son médecin qui lui a recommandé l'exercice… parce que Monsieur est un peu anémique[2].

VALENCOURT. – Ah! vous m'en direz tant! *(Apercevant de sa place*
20 *Boriquet qui revient.)* Ah! le voilà!

> *Boriquet, toujours endormi, entre,*
> *portant un crochet de bois sur son dos.*

VALENCOURT *et* **FRANCINE,** *stupéfaits.* – Ah!

FRANCINE, *se précipitant à sa rencontre.* – Gérard, mon frère!

Sans mot dire, il repousse sa sœur et, poursuivant son chemin de son
même pas de somnambule, sort par la porte de droite.

FRANCINE, *le suivant.* – Ah! mon Dieu, Gérard! *(À Justin, tout en*
marchant à la suite de Boriquet.) Justin, venez!

25 **JUSTIN.** – Je viens! Je viens!

> *Tous deux sortent par la droite à la suite de Boriquet.*

---

1. Des natures ordonnées: des personnes très attachées à l'ordre et au rangement.
2. Anémique: sans force, faible.

Un quiz pour commencer

Cochez les bonnes réponses.

❶ *Qui vient déjeuner avec Boriquet ?*
- ❐ Francine, sa sœur.
- ❐ Émilienne, sa fiancée.
- ❐ Jeannine, sa mère.

❷ *Que font Justin et Éloi lorsque Boriquet et sa sœur sont hypnotisés ?*
- ❐ Ils les déguisent et les maquillent.
- ❐ Ils s'installent à leur place et mangent le poulet.
- ❐ Ils quittent la maison.

❸ *Qui sont Émilienne et Valencourt ?*
- ❐ La fiancée de Boriquet et le père de celle-ci.
- ❐ Les parents de Boriquet.
- ❐ La fille et le gendre de Boriquet.

❹ *Quelle est la spécialité du docteur Valencourt ?*

  ❏   La chirurgie.

  ❏   Les allergies.

  ❏   L'hypnose médicale.

❺ *Comment Francine réagit-elle lorsque son frère va chercher le courrier ?*

  ❏   Elle ne s'inquiète pas car elle sait que Justin a hypnotisé son frère.

  ❏   Elle s'inquiète de ce comportement étrange.

  ❏   Elle tente de le sortir de son hypnose.

❻ *Pourquoi Boriquet va-t-il chercher du bois à la cave ?*

  ❏   Car Justin a refusé de le faire.

  ❏   Car Justin le lui a ordonné quand il l'a hypnotisé.

  ❏   Car Valencourt le lui a demandé.

❼ *Quel événement concernant Boriquet doit avoir lieu prochainement ?*

  ❏   Il doit déménager.

  ❏   Il doit se marier.

  ❏   Il doit signer un contrat important.

❽ *Lorsqu'il apprend cette nouvelle, comment Justin réagit-il ?*

  ❏   Il se met en colère et décide d'empêcher cet événement.

  ❏   Il veut faire de même.

  ❏   Il félicite Boriquet.

Des questions pour aller plus loin

👉 Étudier l'inversion de la relation maître/domestique

Un comportement étrange

❶ Montrez que le changement d'attitude de Boriquet se fait de manière soudaine. Par quoi est-il déclenché à deux reprises ?

❷ Quelle posture et quelle démarche Boriquet adopte-t-il lorsqu'il est sous l'emprise de l'hypnose ? Citez les didascalies qui l'indiquent.

❸ Comment Valencourt réagit-il face au comportement de Boriquet ? Justifiez votre réponse en citant ses paroles.

❹ « Laissez-moi vous dire une chose que j'ai là, sur le cœur… » dit Boriquet (p. 43) : à quel type de propos le spectateur peut-il s'attendre ? Que dit finalement Boriquet et quel est l'effet produit ?

La revanche des domestiques

❺ En vous appuyant sur les répliques de Justin et les didascalies de la fin de la scène 7, dites quels sont les sentiments de Justin à l'égard de Boriquet et de Francine.

❻ Au début de la scène 8, montrez que Justin prend plaisir à jouer le rôle du maître en imitant la façon de parler de Boriquet.

❼ De quelle façon Justin s'adresse-t-il à Boriquet et Francine ? Relevez des exemples qui justifient votre réponse.

❽ Quels morceaux du poulet Éloi et Justin se réservent-ils ? Ont-ils l'habitude de manger un tel repas ? Justifiez votre réponse en vous appuyant sur leurs propos.

Un maître de maison ridiculisé

❾ Cherchez dans le dictionnaire le sens du mot «bourrique»: à quel animal Boriquet est-il associé par son nom? Cette comparaison est-elle flatteuse?

❿ «Moi parbleu, on ne m'endormirait pas...» déclare Boriquet (p. 31): pourquoi cette affirmation est-elle drôle?

⓫ En apparence, Justin justifie le comportement de Boriquet auprès de Francine (scène 7, p. 32) et de Valencourt (scène 12, p. 45). Montrez que ses explications contribuent en fait à ridiculiser Boriquet.

Une satire de la bourgeoisie

⓬ Observez les apartés de Boriquet et de Francine dans la scène 7 (p. 34): que disent-ils l'un de l'autre? En quoi cet échange amuse-t-il le spectateur tout en ridiculisant les personnages?

⓭ «Je suis touché de ses sentiments à mon égard» dit Boriquet à la scène 11 (p. 42), à propos de sa fiancée. En quoi cette réplique de Boriquet est-elle comique?

⓮ À la scène 11, Valencourt et Boriquet se mettent d'accord sur le mariage. Quelle est leur unique préoccupation? Montrez que la scène s'apparente à une négociation financière.

⓯ Pourquoi Valencourt souhaite-t-il donner en dot à sa fille ses actions des mines de Saint-Germain? Quelle image cela donne-t-il du personnage?

> *Rappelez-vous!*
> Le théâtre permet de renverser des situations quotidiennes ou habituelles. Ici, les deux domestiques prennent temporairement la place du maître de maison, lui donnent des ordres et mangent son repas. L'univers de Boriquet est ainsi tourné en dérision par Georges Feydeau, ce qui lui permet de faire la satire (critique moqueuse) de la bourgeoisie en montrant que seul l'intérêt financier motive les actions de Boriquet.

De la lecture à l'écriture

Des mots pour mieux écrire

❶ a. *« C'est mirifique ! » s'exclame Éloi à la scène 8 (p. 38). Trouvez les synonymes de cet adjectif en indiquant les lettres qui manquent dans les mots suivants.*

EP _ _ _ _ OU _ L _ _ T
PR _ D _ _ I _ _ X
ME _ V _ _ LL _ _ X
SE _ S _ T _ _ NN _ L
FA _ _ _ _ TI _ _ E
EX _ _ A _ _ DI _ _ _ _ E

b. *Donnez le féminin de chacun de ces adjectifs.*

❷ *Dites à quel champ lexical appartiennent les mots de chacune des listes suivantes, et trouvez l'intrus qui s'y est glissé.*

A. lubie, fantaisie, caprice, extravagance, certitude, toquade
B. fatigué, épuisé, vaillant, fourbu, exténué, crevé

À vous d'écrire

❶ Alors que Valencourt et sa fille vont arriver, Justin ne parvient plus à réveiller Boriquet et Francine. Éloi et lui tentent par tous les moyens de les faire revenir à la conscience… Écrivez cette scène.
Consigne. Imaginez les stratagèmes comiques inventés par Justin et Éloi pour réveiller Boriquet et Francine. Votre scène, d'une trentaine de lignes, respectera les règles de présentation d'un texte théâtral. N'oubliez pas de rédiger des didascalies.

❷ Lors d'un spectacle, vous avez été témoin d'une séance d'hypnose, au cours de laquelle l'hypnotiseur a fait agir et parler une personne sous son contrôle. Racontez ce numéro dans un article pour le journal de votre collège.

Consigne. Votre récit, d'une vingtaine de lignes, débutera par une brève introduction expliquant à quelle occasion vous avez assisté à ce numéro. Le numéro vous a impressionné(e) : soulignez cette idée en employant un vocabulaire varié. Respectez les règles de présentation d'un article de presse.

Du texte à l'image

➡ Sven Richard Bergh, *Séance d'hypnose*, huile sur toile, 1887.
➡ Allen Jones, *Transe*, huile sur toile, 2004.
(Images reproduites en fin d'ouvrage, au verso de la couverture.)

👁 *Lire l'image*

❶ Pour les deux tableaux, décrivez les attitudes et les gestes des personnages, comparez la position de l'hypnotiseur à celle de l'hypnotisé. Comment le pouvoir d'un personnage sur l'autre est-il signifié dans chacune des toiles ?

❷ Quelle impression la toile d'Allen Jones produit-elle sur le spectateur ? Justifiez votre réponse en commentant la composition et les couleurs du tableau.

📄 *Comparer le texte et l'image*

❸ À quel personnage de la pièce l'hypnotiseur de la toile de Bergh peut-il vous faire penser ? Quel type d'hypnose pratiquent-ils tous les deux ?

❹ Le personnage représenté sur la toile d'Allen Jones dispose d'un pouvoir que n'a pas Justin : lequel ?

❺ Montrez que l'attitude et les vêtements de l'hypnotiseur d'Allen Jones évoquent le rôle que Justin se donne dans la pièce.

 ## À vous de créer

❻ Vous faites partie des témoins de la scène représentée par Sven Richard Bergh : racontez la séance d'hypnose à laquelle vous avez assisté. Vous décrirez les gestes du médecin et les réactions de la patiente, et vous insisterez sur vos impressions. Votre texte fera une vingtaine de lignes.

❼ Caractérisez chacun des deux tableaux par un adjectif qualificatif. Dites laquelle des toiles vous préférez en expliquant les raisons de votre choix.

Scène 13

Valencourt, *puis* Éloi

Valencourt, *riant.* – Ah ! Ah ! Ah ! Ah ! il est amusant avec son crochet de bois… Eh ! bien, il me plaît… ce n'est pas un homme comme tout le monde. *(Changeant de ton.)* Oh ! là ! là ! que je suis fatigué ! mes paupières me tombent sur les yeux… Ah ! c'est bon de les fermer !

> *Tout debout, simplement appuyé contre le canapé*
> *à gauche, il ferme les yeux et somnole.*

Éloi. – Alleï, j'ai défait la malle… *(Apercevant Valencourt qui somnole en lui tournant le dos.)* Oh ! le patron qui est seul !… si j'essayais pour une fois le moyen[1] de Justin !… (Il va à pas de loup derrière Valencourt, lui fait des passes en roulant de grands yeux et en murmurant à voix basse, ainsi que Justin le lui a indiqué. Valencourt, à ce moment, laisse à moitié tomber sa tête comme un homme endormi. Regardant Valencourt.) Hein ! il dort !… j'ai endormi le patron… Ah ! bien, alors, ça va, à c't'heure ! (Il s'approche de lui en lui envoyant un coup de pied comme il l'a vu faire à Justin pour Boriquet, puis lui tendant la main.) Alleï ! Alleï ! donne-moi vingt francs !

Valencourt, *se réveillant en sursaut.* – Hein ! c'est toi, malheureux !

Éloi, *effaré.* – Ah ! il ne dormait pas… Il ne dormait pas !

Valencourt, *le rattrapant.* – Qu'est-ce que tu as fait, polisson ?… Qu'est-ce que tu as fait ?…

> *Il le bourre de coups de poing.*

---

1. Moyen : technique.

20 ÉLOI. – Ah! là! là!… Ah! là!… là!

VALENCOURT, *le bourrant.* – Tiens! Tiens! Tiens! Tiens!… et tu sais, tu vas décamper et un peu vite!

ÉLOI. – Oui, Monsieur… Oh! là! là!

> *Il tourne autour du canapé, poursuivi par Valencourt.*

VALENCOURT. – Ah! tu te permets!… Tiens, tiens!… *(Il le bourre*
25 *puis lui envoyant un coup de pied.)* Tiens, et file!

ÉLOI, *se sauvant par le fond.* – Oh! là! là! Oh! là! là!

VALENCOURT. – A-t-on jamais vu!… se permettre de lever la main sur moi… Ah! le scélérat[1]! *(Apercevant Boriquet qui revient sans son crochet, mais toujours endormi.)* Mon gendre, du calme!

Scène 14

VALENCOURT, BORIQUET, JUSTIN, FRANCINE

FRANCINE, *se désolant, en suivant Boriquet.* – Ah! mon Dieu! Ah! mon Dieu!

Boriquet a regagné exactement la même place où il était au moment où il s'est endormi sous l'empire de la suggestion; immédiatement sa figure change d'expression et il se réveille, pendant que tout le monde le regarde avec anxiété.

BORIQUET, *reprenant le fil de sa conversation comme si de rien n'était.* – Et alors… Et alors… *(À Valencourt.)* Qu'est-ce que je disais donc?

5 VALENCOURT. – Quand?

BORIQUET. – À l'instant.

---

1. **Scélérat**: qui a commis de mauvaises actions, criminel.

VALENCOURT. – À l'instant? Vous ne disiez rien. Vous transportiez des bûches.

BORIQUET. – Quoi?

10 **VALENCOURT.** – Vous transportiez votre bois, si vous aimez mieux.

BORIQUET, *riant, au public.* – Il radote, le docteur!

JUSTIN, *bas à Valencourt, derrière le canapé.* – Monsieur!… Je vous ai dit que ça le vexe!…

FRANCINE, *très tourmentée.* – Mon Dieu! Mon Dieu!

15 **VALENCOURT.** – Moi, si j'étais vous, j'aimerais mieux faire des haltères!

BORIQUET. – Hein? pourquoi des haltères?

VALENCOURT. – Parce que ça vaudrait mieux que des crochets de bois.

20 **BORIQUET,** *considérant Valencourt.* – Ah!

VALENCOURT. – Et avec ça, un peu de quinquina[1] au fer.

BORIQUET, *au public, après un temps.* – Positivement, il radote[2]… *(Haut à Valencourt.)* Voyons, docteur, nous sommes en train de causer contrat et vous venez me parler d'haltères et de quinquina.

25 **VALENCOURT.** – Ah! vous croyez que… *(À part.)* Ah çà! est-ce qu'il serait réellement un peu détraqué?

BORIQUET. – Quand aurai-je l'honneur de parler seul à seul avec mademoiselle votre fille?

VALENCOURT. – C'est juste, je vais vous l'envoyer! *(À part.)* Il faudra
30 que je l'observe[3], ce garçon-là.

Il sort à droite.

---

1. **Quinquina**: boisson fortifiante.
2. **Positivement, il radote**: sans aucun doute, il dit n'importe quoi.
3. **Que je l'observe**: que je l'examine lors d'une consultation médicale.

Scène 15

LES MÊMES, *moins* VALENCOURT

FRANCINE. – Tu n'es pas un peu souffrant, mon chéri?

BORIQUET. – Qui?… Moi?… Ah çà! qu'est-ce que vous avez tous enfin? Est-ce que j'ai l'air souffrant, Justin?

JUSTIN, *pendant ce temps, tout en observant, plie les serviettes et remet*
5   *tout en ordre sur le petit meuble.* – Monsieur a l'air d'un charme.

BORIQUET, *à Francine.* – Là! Et maintenant, va par là… ma future[1]
va venir… Je veux être seul.

FRANCINE. – Bien!

Elle sort à gauche en poussant un soupir.

BORIQUET. – Elle est drôle[2], ma sœur… (*À Justin.*) Vous aussi,
10   Justin, je n'ai pas besoin de vous.

Il s'assied sur la chaise de droite.

JUSTIN. – Oui, Monsieur… (*Il feint de remonter.*) Allons, c'est le
moment! (*Il redescend à pas de loup derrière Boriquet et lui fait des
passes dans le dos.*) V'lang! V'lang!… aïe donc!

*Boriquet, sous l'influence des passes,
s'est peu à peu endormi.*

JUSTIN, *venant devant lui.* – Ça y est!… Et maintenant, Boriquet,
15   ta fiancée est laide, horrible! n'est-ce pas qu'elle est horrible?

BORIQUET, *endormi.* – Oui! oui!

JUSTIN. – Tu n'auras pas peur de le lui dire?

---

1. Ma future: ma future épouse.
2. Elle est drôle: elle agit de façon étrange.

BORIQUET. – Non ! non !

JUSTIN. – Tu lui diras que tu ne veux pas l'épouser, et tu seras
20 très impoli, n'est-ce pas ? Aussi malhonnête que tu pourras, c'est
entendu ?

BORIQUET. – Oui ! oui !

JUSTIN, *voyant entrer Émilienne à droite*. – La voilà ! je me sauve !

Il sort vivement par le fond.

Scène 16
BORIQUET, ÉMILIENNE

ÉMILIENNE. – Papa m'a dit qu'il allait me faire sa déclaration, je
suis tout émue… *(Descendant à Boriquet.)* Mon père m'a dit que
vous désiriez me parler.

BORIQUET. – Vous ?… Oh ! qu'elle est laide ! Oh ! le monstre !

5 **ÉMILIENNE**, *ahurie*. – Hein ?

BORIQUET. – Oh ! cette hure[1] !… Où avez-vous pris ça ? Cachez-
moi ça !

ÉMILIENNE. – Ah ! mon Dieu ! qu'est-ce qu'il a ?

BORIQUET. – Ah ! pouah ! Tiens ! Ah !

Il tire la langue en faisant une affreuse grimace.

10 **ÉMILIENNE**. – Il devient fou !… *(À Gérard.)* C'est vous… vous, qui
voulez m'épouser ?

---

1. **Hure** : tête de sanglier.

BORIQUET. – Moi entrer dans la famille de votre idiot de père…

ÉMILIENNE, *elle se sauve en gagnant la droite.* – Oh !

BORIQUET, *la poursuivant.* – Moi épouser une potiche[1] comme
vous ! Ah ! bien ! Ah ! là là !… Veux-tu t'en aller, petit monstre !…
Veux-tu t'en aller !

ÉMILIENNE. – Ah ! mon Dieu, papa ! papa !

Elle se sauve, affolée.

BORIQUET. – Oh !… qu'elle est laide !… qu'elle est laide !

Il revient à sa place près du bureau.

Scène 17

BORIQUET, JUSTIN, *puis* VALENCOURT
et ÉMILIENNE, *puis* FRANCINE

JUSTIN. – Parfait ! C'est très bien ! Je n'ai pas perdu une parole ! Et
maintenant le docteur va venir… Boriquet sais-tu ce que tu es !

BORIQUET. – Non !

JUSTIN. – Tu es un singe au milieu des forêts d'Amérique ! N'est-ce
pas que tu es un singe ?

BORIQUET. – Oui ! oui !

*Il fait claquer sa langue comme un singe ;
avec des mouvements simiesques[2].*

---

1. **Potiche** : femme jolie mais dénuée d'intelligence (familier).
2. **Simiesques** : identiques au comportement des singes.

JUSTIN. – Parfait… *(Voyant entrer Valencourt suivi d'Émilienne.)* Le beau-père, tout va bien!

> *Il remonte un peu et se tient au fond de la scène.*

ÉMILIENNE, *suivant son père, d'une voix suppliante.* – Oh! papa!
10 papa!

VALENCOURT. – Laisse, Émilienne! *(À Boriquet qui, pendant tout ce qui précède, a fait une mimique de singe, mais peu exubérante [1].)* Ah çà! Monsieur, que me dit ma fille?

> *À ce moment, Boriquet fait un bond qu'il accompagne*
> *de claquements de langue et de gestes de singe.*

VALENCOURT *et* ÉMILIENNE. – Hein?

15 VALENCOURT, *pendant que Boriquet fait une course folle dans la chambre, sautant sur les meubles, etc.* – Qu'est-ce qu'il a?

JUSTIN, *simulant l'inquiétude.* – Ah! je ne sais pas, Monsieur… Je viens de trouver Monsieur comme ça…

VALENCOURT. – Mais c'est un accès [2] de fièvre chaude, vite, allez
20 chercher sa sœur…

JUSTIN. – J'y cours… *(À part.)* Attends un peu, la sœur!

> *Il se précipite à gauche.*

ÉMILIENNE. – C'est affreux!

VALENCOURT, *voyant Boriquet, qui est tranquille en train de se chercher les puces comme un singe et de les manger après.* – Voyons, Boriquet,
25 mon ami, revenez à vous. *(Boriquet saisit Valencourt par le cou, l'enlace d'un bras, et l'épouille [3] de sa main libre.)* Voulez-vous me laisser?

---

1. Peu exubérante: discrète.
2. Accès: crise.
3. L'épouille: cherche à la débarrasser de ses poux.

ÉMILIENNE. – Ah! papa! papa!

VALENCOURT, *qui s'est dégagé des bras de Boriquet, à Émilienne.*
30 – Ne crie donc pas! *(Voyant Justin qui revient.)* Eh! bien, Mademoiselle Francine?

JUSTIN. – Elle arrive!

VALENCOURT. – Mais qu'elle vienne! *(Allant à sa rencontre.)* Mademoiselle! Mademoiselle!

35 JUSTIN, *au public, au milieu.* – À elle, je lui ai suggéré qu'elle était Carmen et qu'elle devait danser la cachucha[1]!... Nous allons voir!

VALENCOURT, *revenant le premier.* – Venez, Mademoiselle, venez!

FRANCINE. – Ollé, la Carmencita... Olla podrida... torero!... la
40 salada[2]!...

VALENCOURT. – Hein?

FRANCINE, *chantant, en dansant la cachucha.* – Tra la la la la la la la la! Ollé!

VALENCOURT. – Elle aussi!

> *Émilienne, effrayée, s'est réfugiée dans les bras de son père.*
> *Ils occupent le milieu de la scène, un peu au fond.*

45 FRANCINE. – Tra la la la la...

Les chants continuent, tandis que Boriquet assis sur la table de gauche imite le son de la guitare, en faisant des grimaces, comme les singes automates qui sont sur certaines orgues[3].

---

1. **Carmen**: personnage espagnol de roman et d'opéra réputé pour sa beauté et ses talents de danseuse; **cachucha**: danse espagnole.
2. Suite de mots espagnols dénuée de sens.
3. **Orgues**: ancien instrument de musique dont on joue en tournant une manivelle.

VALENCOURT. – Oh! mais c'est une famille de fous! Viens Émilienne, tu ne peux pas entrer dans cette famille-là.

Ils sortent par le fond, tandis que Francine chante et danse avec furia[1], et que Boriquet, saisissant tous les papiers qui sont sur la table de droite, les leur lance à la tête.

JUSTIN, *triomphant.* – Hurrah! j'ai remporté la victoire! *(À Francine et Boriquet, qui se sont rapprochés.)* Allons, assez, vous autres!
50 *(Ils se calment.)* Asseyez-vous! toi là! toi là! *(Ils prennent chacun le siège indiqué. Il place dans la fourchette de Boriquet un morceau de poulet et dans celle de Francine de la salade.)* Et maintenant… *(Il leur souffle à la figure, ils se réveillent.)* Là, débrouillez-vous.

Il sort à gauche.

FRANCINE, *après un temps, toujours à la table.* – Oh! que j'ai chaud!

55 **BORIQUET.** – C'est drôle, moi aussi.

FRANCINE. – Je ne comprends pas ce qui a pu me mettre dans cet état-là.

BORIQUET. – Moi non plus!

Scène 18
LES MÊMES, VALENCOURT, *moins* JUSTIN

VALENCOURT, *entrant de droite, son chapeau sur la tête, appelant.* – Éloi! Éloi!

BORIQUET, *il se lève.* – Ah! vous voilà, mon cher docteur!

---

1. **Avec furia**: avec une grande vivacité.

VALENCOURT. – Eux !

5   BORIQUET. – Avez-vous dit à votre charmante fille ?…

VALENCOURT. – Ma charmante fille !… Il suffit, Monsieur ! tous nos engagements sont rompus !

BORIQUET *et* FRANCINE. – Hein !

BORIQUET. – Pourquoi ça ?

10 VALENCOURT. – Parce que je n'entends pas que ma fille s'allie à des fous furieux…

BORIQUET *et* FRANCINE. – Vous dites ?

VALENCOURT. – Oh ! oui, votre crise est passée maintenant… mais je vous ai vus, ça me suffit… Merci… Monsieur en chimpanzé…

15 BORIQUET. – Moi ?

VALENCOURT. – Mademoiselle en bayadère[1].

FRANCINE. – Moi ?

BORIQUET. – Ah ! mais pardon, Monsieur, en voilà assez ! vous outrepassez vos droits… que vous vouliez rompre, soit ! que nous
20 soyons ou ne soyons pas alliés[2]…

VALENCOURT. – Oh !… si, à lier… fous à lier.

FRANCINE. – Oh !

BORIQUET. – Mais c'est vous, Monsieur, qui êtes le plus fou…

VALENCOURT. – Ah ! bien, vous ne vous êtes pas vu !

25 BORIQUET. – Monsieur !…

FRANCINE. – Gérard, mon ami !

----

1. Bayadère : danseuse indienne.
2. Alliés : mariés.

BORIQUET. – Tu as raison… va, allons-nous-en ! *(À Valencourt.)* Faites comme vous voudrez, Monsieur ! je vous cède la place.

VALENCOURT, *sec.* – Bonjour[1], Monsieur.

Boriquet sort par la gauche, suivi de Francine.

Scène 19

VALENCOURT, *puis* ÉMILIENNE *et* ÉLOI

VALENCOURT. – Oh ! Dieu, quand je pense que j'ai failli lier à jamais ma fille à cet aliéné[2].

ÉMILIENNE, *entrant de droite.* – Ah ! papa.

VALENCOURT. – Viens, ma fille, viens ! Ne restons pas dans cette maison !

ÉMILIENNE. – Oh ! oui, partons !

Ils font mine de sortir.

ÉLOI, *entrant en pleurant.* – Ah ! Ah ! Ah !

ÉMILIENNE. – Éloi ! Qu'est-ce que vous avez ?

VALENCOURT. – C'est encore vous, polisson !

ÉLOI, *pleurant.* – Ah ! Monsieur… je tombe une fois à vos genoux.

Il tombe aux genoux de Valencourt.

ÉMILIENNE. – Qu'est-ce qu'il a ?

ÉLOI. – Pardonne-moi, Monsieur, pardonne-moi !

---

1. Bonjour : je vous souhaite une bonne journée (expression ironique).
2. Aliéné : fou.

VALENCOURT. – Vous pardonner ?

ÉLOI. – Oh ! oui Monsieur… pour la familiarité que je me suis
15 autorisée avec vous…

VALENCOURT. – Vous appelez ça une familiarité !

ÉLOI. – Ce n'est pas ma faute, savez-vous Monsieur… ça est la
faute à Justin, le domestique, qui m'a accordé l'exemple… Alors
ça m'a donné de l'ambition, oui Monsieur, pour essayer sur vous,
20 parce que ça m'aurait aidé dans le ménage.

VALENCOURT. – Qu'est-ce que vous chantez[1] ?

ÉLOI. – Oh ! je chante pas Monsieur, je n'ai pas le cœur, mais je
dis que Justin il fait toujours ça avec son patron. *(Imitant les passes
de Justin.)* Des machines comme ça… et puis comme ça… et « je
25 veux que tu dormes ! » et allez donc avec des yeux… des yeux
spécifiques et alors son patron il dort, soi-disant…

VALENCOURT. – Oh ! quel éclair[2] !

ÉLOI. – Et c'est ça qui m'a donné la folie des grandeurs ! Oh
pardon, Monsieur, pardon !

30 VALENCOURT. – Oui, je devine… ces crises… ces accès… c'est
clair, le domestique hypnotisait ces malheureux.

ÉLOI, *suppliant.* – Monsieur…

> *Il remonte petit à petit pendant la scène
> jusqu'à la porte du fond.*

VALENCOURT. – C'est bien, oui ! Où est-il ce Justin ? *(Remontant
en appelant.)* Justin !

35 ÉMILIENNE. – Mais qu'y a-t-il ?

VALENCOURT. – Rien ! laisse-moi faire ! *(Appelant.)* Justin !

---

1. **Chantez** : racontez (familier).
2. **Quel éclair** : quelle révélation.

Justin, *entrant de gauche.* – Monsieur m'a appelé ?

Valencourt. – Arrive ici, misérable ! Qu'est-ce que tu as fait ?

> *Il le prend au collet[1] et l'amène au milieu du théâtre.*

Justin. – Moi, Monsieur !

40 Valencourt. – J'en apprends de belles !… c'est toi qui te permets d'endormir ton patron… c'est toi qui te permets de l'hypnotiser !

Justin. – Moi, Monsieur… qui vous a dit ça ?…

Valencourt. – Je le sais… et sa sœur aussi ! hein, avoue !

Justin, *se débattant.* – Lâchez-moi, Monsieur.

45 Valencourt. – Je te dis d'avouer…

Justin, *se débattant.* – Vous ne voulez pas me lâcher… Ah ! bien, attendez.

Émilienne. – Ah ! mon Dieu !

Justin, pendant que Valencourt le tient toujours au collet, essaye de tirer de ses facultés magnétiques un moyen de défense, et s'efforce d'hypnotiser son adversaire en faisant des passes sur lui, en le magnétisant du geste et du regard.

Valencourt, *voyant son jeu.* – Ah ! tu veux jouer à ce jeu-là avec
50 moi… Ah ! bien, tu tombes bien !

*Valencourt, sans le lâcher, se met à le fixer dans le blanc des yeux…
Justin le fixe également et les deux hommes luttent à qui endormira
l'autre.*

Émilienne. – Éloi, je vous en prie, séparez-les !

Éloi. – Laissez, Mademoiselle, ça c'est un combat de gladiateurs.

---

1. **Au collet** : par le col de sa veste.

VALENCOURT, *tout en luttant, à Justin.* – Tu n'as pas l'air de te douter que j'étais un des plus forts de l'École de Nancy.

55 JUSTIN. – Oui, oui, nous verrons.

La lutte continue, résistance de part et d'autre, suivie avec anxiété par Émilienne, avec admiration par Éloi. Enfin, Justin, vaincu, terrassé par le fluide supérieur de Valencourt, est tout entier sous sa domination.

VALENCOURT. – Allons donc ! *(Plaçant son doigt entre les deux yeux de Justin et avec ce seul doigt le tournant face au spectateur.)* Et voilà l'homme !

ÉLOI. – Bravo !

60 ÉMILIENNE, *rassurée et joyeuse.* – Ah ! papa !

VALENCOURT, *à Justin.* – Et maintenant, à genoux ! *(Justin se met à genoux. Valencourt va ouvrir la porte de gauche et appelle Boriquet et Francine.)* Venez, vous autres !

Scène 20

LES MÊMES, BORIQUET, FRANCINE

BORIQUET. – Vous êtes encore ici, Monsieur !

VALENCOURT. – Oui et vous allez en entendre de belles !

FRANCINE, *voyant Justin à genoux.* – Ah ! qu'est-ce qu'il fait là, à genoux ?

5 VALENCOURT. – Justement, mademoiselle, c'est lui qui a la parole !… Tout à l'heure, n'est-ce pas, je vous ai pris pour des fous.

BORIQUET. – Ah ! ne revenons plus là-dessus, je vous prie.

VALENCOURT. – Au contraire, j'y reviens ! car non ! vous n'étiez pas fous… et l'instigateur[1] de tous vos actes qui avaient l'allure
10 de la démence[2], le voilà !

BORIQUET *et* FRANCINE. – Mais quels actes ?…

VALENCOURT. – Oh ! parbleu, vous ne pouvez pas en avoir conscience, vous étiez hypnotisés !

BORIQUET, *incrédule*. – Nous ? Allons donc !

15 VALENCOURT, *se tournant vers Justin*. – Oui, comme il a cherché aussi à m'hypnotiser moi-même, mais là il avait affaire à plus forte partie et c'est lui qui dort à présent ! Vous allez voir ! Allons, parle, toi !…

BORIQUET *et* FRANCINE, *stupéfaits*. – Oh !

20 VALENCOURT. – Et d'abord, avoue que tu as été un misérable et que tu t'es conduit comme un scélérat avec tes maîtres…

JUSTIN. – Oh ! oui, j'ai été un misérable ! c'est moi qui endormais tous les jours le patron, pour lui faire faire l'appartement, cirer les parquets, monter le bois et enfin tout mon service !

25 BORIQUET *et* FRANCINE. – Oh !

JUSTIN. – C'est moi qui tout à l'heure lui ai ordonné de dire des grossièretés à sa fiancée. C'est moi qui lui ai suggéré qu'il était un singe des forêts d'Amérique.

BORIQUET. – Un singe, moi !

30 JUSTIN. – Oui, et à Mademoiselle qu'elle était une gitane espagnole et qu'elle devait danser la cachucha !

FRANCINE. – Oh ! le misérable !

VALENCOURT. – Et pourquoi faisais-tu ça ?

---

1. Instigateur : responsable.
2. Démence : folie.

Justin. – Parce que je voulais faire manquer le mariage de Monsieur afin de le garder toujours à mon service.

Boriquet. – Oh! mais je vais le tuer! je vais le tuer!

Valencourt. – Laissez! Eh bien, êtes-vous convaincu?

Boriquet. – Oh! je suis indigné…

Francine. – Nous endormir, nous… et un domestique.

Boriquet, *lui montrant le poing.* – Scélérat!

Francine. – Quand je pense qu'il aurait pu abuser de moi!

Boriquet. – Non, ça, il n'y avait pas de chances…

Valencourt. – J'espère qu'après ça, Boriquet, vous restez toujours mon gendre.

Il lui tend la main.

Boriquet, *il lui prend la main.* – Ah! docteur!… si mademoiselle y consent…

Émilienne. – Dame, vous avez été bien désagréable tout à l'heure… mais puisque c'était par procuration[1]…

Elle lui tend la main au-dessus de la tête de Justin.

Boriquet. – Ah! mademoiselle, que vous êtes bonne[2]…

Il lui serre la main.

Valencourt. – Eh! bien, et lui, qu'est-ce que nous allons en faire?

Boriquet. – Lui, je vais le mettre à la porte séance tenante[3].

Valencourt. – Écoutez; non! puisque je le tiens, je vais vous en faire un domestique modèle. *(À Justin.)* Justin, je te suggère

---

1. **Par procuration**: par l'intermédiaire de quelqu'un d'autre.
2. **Bonne**: gentille, bienveillante.
3. **Séance tenante**: immédiatement.

de renoncer à jamais à exercer ta perfide[1] influence sur aucun
55 de tes maîtres et de les servir toujours comme le plus zélé[2] des
domestiques.

JUSTIN. – Je le ferai.

VALENCOURT. – Et maintenant, pour ta punition, tu vas répéter
pendant une heure: «Je suis un misérable! je suis un misérable!»

60 **JUSTIN**, *à genoux, se frappant la poitrine.* – Je suis un misérable!
Je suis un misérable!

ÉMILIENNE, *pendant que Justin continue son chapelet.* – Oh! le malheureux!

VALENCOURT. – Laisse donc, c'est la peine du talion[3]!

65 **JUSTIN.** – Je suis un misérable! Je suis un misérable! Je suis un
misérable!

> *Il continue un peu après le baisser du rideau.*

---

1. Perfide: sournoise, hypocrite.
2. Zélé: appliqué, dévoué.
3. Valencourt fait allusion à la loi du talion: dans la Bible, cette loi commande de
punir un criminel en lui infligeant la même peine que celle qu'il a commise.

Un quiz pour commencer

Cochez les bonnes réponses.

❶ *Que se passe-t-il lorsqu'Éloi tente d'hypnotiser son maître ?*
- ❏ Il s'hypnotise lui-même.
- ❏ Il échoue et se fait frapper.
- ❏ Il se met à chanter et danser.

❷ *Qu'ordonne Justin à Boriquet ?*
- ❏ De lui offrir la main de sa fiancée.
- ❏ De lui préparer un bon dîner.
- ❏ D'être grossier envers sa fiancée.

❸ *Que dit Boriquet à sa fiancée ?*
- ❏ Qu'elle est laide comme un singe.
- ❏ Qu'elle est belle et qu'il l'aime.
- ❏ Qu'il veut avoir des enfants avec elle.

❹ *Que fait Francine sous l'effet de l'hypnose ?*

- ❏ Elle est impolie envers Émilienne.
- ❏ Elle est agressive envers Valencourt.
- ❏ Elle chante et danse dans le salon.

❺ *Comment la vérité est-elle révélée à tous ?*

- ❏ Éloi explique à son maître les pratiques de Justin.
- ❏ Francine a surpris Justin en train d'hypnotiser son frère.
- ❏ Valencourt devine la vérité car il possède le même don que Justin.

❻ *Pourquoi Justin a-t-il manipulé Boriquet ?*

- ❏ Il désirait prouver sa supériorité à Valencourt.
- ❏ Il désirait épouser Émilienne.
- ❏ Il désirait empêcher le mariage de Boriquet.

❼ *Comment Valencourt et Justin s'affrontent-ils ?*

- ❏ Ils s'affrontent en duel à l'épée.
- ❏ Chacun tente d'hypnotiser l'autre.
- ❏ Ils se lancent des insultes.

❽ *Qu'arrive-t-il à Justin à la fin de la pièce ?*

- ❏ Valencourt fait de lui son assistant.
- ❏ Boriquet le renvoie.
- ❏ Valencourt l'hypnotise pour le contraindre à abandonner son pouvoir.

Des questions pour aller plus loin

☞ Analyser le dénouement d'une comédie

Justin, maître de l'action

❶ Quel est le plan de Justin pour empêcher le mariage de Boriquet d'avoir lieu ?

❷ Montrez que Justin s'adresse aux autres personnages comme un metteur en scène à ses comédiens. Quelles indications leur donne-t-il ?

❸ À la scène 17, comment Justin informe-t-il le public de ce qu'il a ordonné à Francine ? Comment appelle-t-on ce type de réplique adressée au public ?

❹ « Hurrah ! j'ai remporté la victoire » s'exclame Justin à la scène 17 (p. 61) : à quelle victoire fait-il allusion ?

Un déchaînement comique

❺ Pour quelle raison Éloi croit-il avoir hypnotisé Valencourt à la scène 13 ? Comme Justin à la scène 2 (p. 14), à quel endroit frappe-t-il son maître et dans quel genre de pièce voit-on en général ce geste ?

❻ Dans la scène 14, quel verbe Boriquet emploie-t-il à deux reprises pour qualifier les propos de Valencourt ? Expliquez le malentendu qui existe entre les deux personnages.

❼ Expliquez le jeu de mots de Valencourt à la scène 18 (p. 62) : « Oh !... si, à lier... fous à lier. »

❽ À quoi Émilienne s'attend-elle lorsque Boriquet entre en scène (scène 16) ? Que lui dit-il et quel niveau de langue emploie-t-il ?

❾ Relevez les didascalies de la scène 17 qui indiquent le comportement de Boriquet et celui de Francine. Quelle atmosphère règne sur scène ?

L'arroseur arrosé

❿ À la scène 13, Éloi frappe son maître : qu'obtient-il en retour ?
Justifiez votre réponse en citant les didascalies.

⓫ Relisez les explications d'Éloi à propos des pouvoirs de Justin
(scène 19) : qu'est-ce qui les rend comiques ?

⓬ En quoi la lutte entre Valencourt et Justin est-elle amusante
(scène 19) ? Si vous deviez mettre en scène ce passage, quels jeux
de scène (gestes, mimiques…) imagineriez-vous ?

⓭ Montrez que les actes de Justin se retournent contre lui à la fin
de la pièce. La punition que lui inflige Valencourt vous paraît-elle juste ?

> *Rappelez-vous !*
> La fin de la pièce offre à la fois un déchaînement comique
> (comportement bestial, grossièreté, danse espagnole…) et un
> dénouement moral : le domestique avoue sa perfidie et reçoit
> un châtiment. La hiérarchie sociale est rétablie : le théâtre de
> Georges Feydeau cherche à se moquer de la société, mais pas
> à en renverser les valeurs.

De la lecture à l'écriture

Des mots pour mieux écrire

❶ a. *Reliez chacun des mots suivants à sa définition.*

Aliéné •	• Qui s'oppose à la logique, au bon sens.
Dément •	• Qui manque de stabilité psychologique.
Déraisonnable •	• Au xixe siècle, nom qu'on donnait aux malades mentaux.
Déséquilibré •	• Qui a perdu la raison.

b. *Observez les mots « déséquilibré » et « déraisonnable » : quel préfixe ont-ils en commun ? Que signifie-t-il ?*

❷ *Complétez chacune des phrases suivantes à l'aide des mots qui conviennent et accordez-les si nécessaire :* incrédule, stupéfait, indigné, anxieux.

a. Lorsqu'elle assiste au comportement de son frère, Francine est _____ : elle craint qu'il soit malade.

b. Valencourt est _____ de découvrir la malhonnêteté de Justin et pense qu'il doit être puni.

c. Au départ, Boriquet refuse de croire les explications de Valencourt, il est _____.

d. Francine et Boriquet sont _____ lorsqu'ils comprennent la vérité : ils n'auraient jamais pu la soupçonner !

À vous d'écrire

❶ Afin de se venger de son domestique, Boriquet tente à son tour de l'hypnotiser. Il n'y parvient pas, mais Justin fait semblant d'être sous ses ordres. Imaginez une scène comique dans laquelle Boriquet croit tenir Justin sous son pouvoir hypnotique, tandis que Justin agit de façon contraire aux ordres de son maître.

Consigne. Votre texte, d'une trentaine de lignes, respectera les règles de présentation d'une scène de théâtre et comportera des didascalies.

❷ Devant la menace d'être renvoyé, Justin souhaite obtenir le pardon de Boriquet. Écrivez une lettre dans laquelle le domestique explique à son employeur les raisons de son comportement et lui présente ses excuses.

Consigne. Vous emploierez la première personne du singulier et le vouvoiement ; vous utiliserez notamment le passé composé. Votre texte fera une vingtaine de lignes et respectera les règles de présentation d'une lettre.

Du texte à l'image

Histoire des arts

➡ Mise en scène de *Dormez, je le veux !* par Lisa Wurmser à la Comédie de Picardie, 2009.
(Images reproduites en couverture et en début d'ouvrage, au verso de la couverture.)

👁 Lire l'image

❶ Décrivez l'expression et la posture du personnage en couverture. Comment sa présence est-elle rendue inquiétante ?

❷ En quoi le décor choisi par le metteur en scène peut-il étonner le spectateur ? Décrivez et commentez l'aspect des éléments de décor, leur disposition sur scène et leur taille.

❸ Sur la photographie au verso de la couverture, comment la domination de certains personnages sur d'autres est-elle suggérée ?

📄 Comparer le texte et l'image

❹ Identifiez les personnages représentés sur les deux photographies et expliquez quels détails vous ont permis de répondre.

❺ Quel passage de la pièce est représenté sur ces photographies ? Justifiez votre réponse.

❻ En quoi la table et l'horloge sont-elles indispensables au spectacle ?

✏ À vous de créer

❼ **B2i** À vous d'imaginer une couverture pour le volume. Sur Internet, cherchez des photographies de mises en scène de *Dormez, je le veux !* ou des images qui vous semblent en rapport avec la pièce. Sélectionnez celle qui vous semble la plus représentative et la plus attractive.
À l'aide d'un logiciel de traitement de texte ou d'image, réalisez la couverture, qui comportera le titre de la pièce et le nom de l'auteur. Vous pouvez inventer le nom de votre maison d'édition. N'hésitez pas à demander l'aide de votre professeur de technologie ou d'arts plastiques.

Des questions sur l'ensemble de la pièce

Une pièce comique

1 Quels personnages ont principalement un rôle comique ?
Pour chacun d'eux, citez un passage mettant en valeur cet aspect.
2 Pour quelles raisons Boriquet est-il ridicule ?
3 Récapitulez les différentes formes de comique présentes dans la pièce et donnez un exemple précis pour chacune d'entre elles. Laquelle vous amuse le plus ?

Du texte à la scène

4 En quoi le thème de l'hypnose est-il intéressant pour l'écriture théâtrale ? Pensez notamment aux situations et aux jeux de scène occasionnés par les passages d'hypnose.
5 Vous êtes le metteur en scène de la pièce. De quelle façon le comédien qui interprète Boriquet doit-il faire comprendre qu'il est sous hypnose dans les passages concernés (expression du visage, démarche, attitude...) ?

❻ Expliquez en quoi Justin dirige parfois l'action de la pièce comme s'il était lui-même metteur en scène. Appuyez votre réponse sur quelques exemples précis.

Une leçon à tirer ?

❼ Le caractère de Justin attire-t-il la sympathie du spectateur ? Selon vous, utilise-t-il son pouvoir de façon judicieuse ? Justifiez vos réponses.

❽ Quels traits de caractère et quelles habitudes des bourgeois sont ridiculisés ou critiqués dans la pièce ?

❾ Les personnages ont-ils évolué entre le début et la fin de la pièce ? Cette pièce vous semble-t-elle divulguer une morale ?

Des mots pour mieux écrire

Lexique des domestiques

Domestique : personne employée pour servir dans une maison.

Esclave : personne soumise à la domination d'un maître qui possède tous les droits sur elle.

Laquais : valet attaché au service d'une personne en particulier.

Larbin : personne à qui l'on confie les tâches pénibles ou ingrates (familier).

Personnel : ensemble des personnes servant dans une maison.

Servitude : état de soumission complète à une personne.

Zélé : très dévoué, appliqué.

Mots croisés

Tous les mots à placer dans la grille ci-dessous se trouvent dans le lexique des domestiques.

Horizontalement

1. Éloi invente le féminin de ce mot à la scène 8.
2. Éloi et Justin occupent tous deux cet emploi.
3. Justin aimerait que Boriquet le soit davantage afin que la maison soit parfaitement propre.

Verticalement

A. Lorsqu'il est contraint par le pouvoir de Justin, Boriquet n'a plus aucune volonté, il est comme son...
B. Justin pourrait nommer Boriquet ainsi lorsqu'il lui fait accomplir à sa place toutes ses tâches pénibles.
C. Esclavage, privation de liberté.

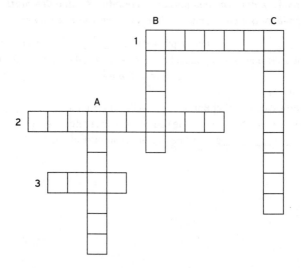

Lexique du théâtre

Aparté : réplique prononcée sans que les autres personnages présents sur scène ne l'entendent.
Décor : ensemble des objets (meubles, accessoires…) recréant sur la scène le lieu où se déroule l'action.
Didascalie : indication de mise en scène (déplacement, attitude, geste, ton…) donnée par l'auteur dans sa pièce.
Dramaturge : auteur de pièces de théâtre.
Mise en scène : ensemble des procédés utilisés pour représenter une pièce (choix du décor, déplacements, intonations…)
et qui sont décidés par le metteur en scène.
Monologue : réplique prononcée par un personnage seul sur la scène.
Quiproquo : malentendu qui fait prendre une chose ou un propos pour un autre.
Réplique : partie d'un dialogue prononcée par un personnage.
Scène : endroit du théâtre où se déroule la pièce ; mais aussi plus petite unité de découpage du texte théâtral, déterminée par l'entrée ou la sortie d'un ou plusieurs personnages.

Complétez chacune des phrases suivantes à l'aide des mots du théâtre qui conviennent et accordez-les si nécessaire.

a. Le _____ mis en place sur la _____ doit au moins comporter une table sur laquelle montera le comédien qui joue Boriquet.

b. Le _____ a rédigé de nombreuses _____ pour orienter le jeu des comédiens.

c. Entre Valencourt et Boriquet s'installe un véritable _____ à la scène 14 : chacun croit que l'autre a perdu la tête et le dit en _____ pour ne pas vexer son interlocuteur.

À vous de créer

❶ *Jouer un extrait de la pièce*

Par groupes de trois à cinq élèves, vous allez mettre en scène et représenter un extrait de *Dormez, je le veux !*

Étape 1. Choix de l'extrait

Choisissez une ou deux scènes, selon leur longueur, qui vous amusent particulièrement ou qui vous semblent représentatives de la pièce.
Il peut par exemple s'agir :
– de la première démonstration des pouvoirs de Justin devant Éloi à la scène 2 (trois comédiens) ;
– du repas des domestiques à la scène 8 (quatre comédiens) ;
– du passage de la scène 17 montrant Boriquet en singe et Francine en danseuse (cinq comédiens).
Relisez attentivement l'extrait choisi, puis répartissez-vous les rôles.

Étape 2. Mise en scène

Debout, livre en main, lisez la scène à voix haute, en cherchant comment mettre en scène le texte de vos personnages. Pour cela, vous devrez répondre aux questions suivantes :
– Qu'exprime le personnage ? Que ressent-il ?
– Fait-il des gestes ? Se déplace-t-il sur scène ?
– À qui s'adresse-t-il ?
– Parle-t-il fort ou à voix basse ?
Imaginez la posture physique, les intonations et les gestes que vous devrez adopter pour jouer votre rôle. Pensez aussi aux déplacements que vous devrez effectuer.
Enfin, faites la liste des accessoires nécessaires et réfléchissez à quelques éléments de décor.

Étape 3. Préparation de la représentation

Apprenez par cœur les répliques de votre personnage. Vous devez aussi bien connaître le texte de vos camarades pour savoir quand prendre la parole.

Faites quelques répétitions, en n'oubliant pas les gestes, attitudes, déplacements et intonations que vous avez définis.

Présentez enfin votre spectacle à la classe, en veillant à parler distinctement.

L'un de vos camarades pourra prendre des photographies pendant que vous jouez votre scène, afin de réaliser une affiche (voir activité 2, p. 83).

Étape 4. Rédaction d'une critique du spectacle

Après la représentation donnée par un autre groupe d'élèves, vous écrirez une critique d'une dizaine de lignes dans laquelle vous exprimerez votre opinion sur le spectacle. Pour cela, vous pouvez vous poser les questions suivantes :

– La scène était-elle bien jouée ?
– Le texte était-il sérieusement appris ?
– Les comédiens incarnaient-ils leur personnage de façon crédible ?
– La représentation vous a-t-elle amusé(e) ?

Relisez attentivement votre critique en vérifiant l'orthographe et la construction des phrases, puis publiez-la sur le site Internet de votre collège ou sur celui de votre classe.

❷ *Réaliser une affiche annonçant la représentation de la pièce*

Réalisez une affiche pour inciter les spectateurs à assister à une représentation de la pièce (il peut s'agit de votre spectacle, voir activité 1).

Étape 1. Choix de l'illustration
Votre affiche comportera une illustration centrale, qui devra être représentative de la pièce et attractive pour les spectateurs.
Vous pouvez utiliser une photographie prise par vos camarades pendant que vous interprétiez votre scène, ou bien utiliser la peinture, le collage...

Étape 2. Conception
Réalisez un premier croquis pour décider comment placer les éléments de votre affiche. Les informations suivantes devront y figurer :
– le titre de la pièce, écrit de façon lisible et attractive, et le nom de l'auteur ;
– la date et le lieu du spectacle ;
– le nom des comédiens ou de la compagnie de théâtre, le nom du metteur en scène.
Vous pouvez demander à votre professeur d'arts plastiques de vous aider dans la conception de cette maquette (disposition des éléments, typographie).

Étape 3. Réalisation
Choisissez entre ces deux possibilités :
– Vous pouvez réaliser directement votre affiche sur papier.
Utilisez pour cela une grande feuille de format A3 ou A2.
– Vous pouvez créer votre affiche sous forme d'un document numérique, à l'aide d'un logiciel de traitement de texte ou d'image. Dans ce cas, vous pouvez solliciter l'aide de votre professeur de technologie.
Enfin, dans votre salle de classe, exposez toutes les affiches produites par les élèves.

Maîtres et valets au théâtre

Molière, *Les Fourberies de Scapin*

Cette pièce de Molière (1622-1673) met en scène deux jeunes hommes, Octave et Léandre, qui se sont mariés durant l'absence de leurs pères respectifs. Lorsque ces derniers reviennent, les jeunes gens font appel à leur valet, le rusé Scapin, afin qu'il les aide. Après avoir battu Scapin car il croyait que celui-ci l'avait trahi, Léandre le prie de l'aider...

LÉANDRE. – Ah ! mon pauvre Scapin, j'implore ton secours.

SCAPIN, *passant devant lui avec un air fier.* – « Ah ! mon pauvre Scapin. » Je suis « mon pauvre Scapin » à cette heure qu'on a besoin de moi.

LÉANDRE. – Va, je te pardonne tout ce que tu viens de me dire, et pis encore, si tu me l'as fait.

SCAPIN. – Non, non, ne me pardonnez rien. Passez-moi votre épée au travers du corps. Je serai ravi que vous me tuiez.

LÉANDRE. – Non. Je te conjure plutôt de me donner la vie, en servant mon amour.

SCAPIN. – Point, point : vous ferez mieux de me tuer.

LÉANDRE. – Tu m'es trop précieux ; et je te prie de vouloir employer pour moi ce génie admirable, qui vient à bout de toute chose.

SCAPIN. – Non, tuez-moi, vous dis-je.

LÉANDRE. – Ah ! de grâce, ne songe plus à tout cela, et pense à me donner le secours que je te demande.

OCTAVE. – Scapin, il faut faire quelque chose pour lui.

SCAPIN. – Le moyen, après une avanie[1] de la sorte ?

LÉANDRE. – Je te conjure d'oublier mon emportement, et de me prêter ton adresse.

OCTAVE. – Je joins mes prières aux siennes.

SCAPIN. – J'ai cette insulte-là sur le cœur.

OCTAVE. – Il faut quitter ton ressentiment.

LÉANDRE. – Voudrais-tu m'abandonner, Scapin, dans la cruelle extrémité où se voit mon amour ?

SCAPIN. – Me venir faire à l'improviste un affront comme celui-là !

LÉANDRE. – J'ai tort, je le confesse.

SCAPIN. – Me traiter de coquin, de fripon, de pendard, d'infâme !

LÉANDRE. – J'en ai tous les regrets du monde.

SCAPIN. – Me vouloir passer son épée au travers du corps !

LÉANDRE. – Je t'en demande pardon de tout mon cœur ; et s'il ne tient qu'à me jeter à tes genoux, tu m'y vois, Scapin, pour te conjurer encore une fois de ne me point abandonner.

OCTAVE. – Ah ! ma foi ! Scapin, il se faut rendre à cela.

SCAPIN. – Levez-vous. Une autre fois ne soyez point si prompt.

LÉANDRE. – Me promets-tu de travailler pour moi ?

---

1. **Avanie** : humiliation, affront.

Scapin. – On y songera.

Léandre. – Mais tu sais que le temps presse.

Scapin. – Ne vous mettez pas en peine. Combien est-ce qu'il vous faut?

Léandre. – Cinq cents écus.

Scapin. – Et à vous?

Octave. – Deux cents pistoles[1].

Scapin. – Je veux tirer cet argent de vos pères. Pour ce qui est du vôtre, la machine est déjà toute trouvée; et quant au vôtre, bien qu'avare au dernier degré, il y faudra moins de façon encore, car vous savez que pour l'esprit, il n'en a pas, grâces à Dieu! grande provision, et je le livre pour[2] une espèce d'homme à qui l'on fera toujours croire tout ce que l'on voudra. Cela ne vous offense point: il ne tombe entre lui et vous aucun soupçon de ressemblance; et vous savez assez l'opinion de tout le monde, qui veut qu'il ne soit votre père que pour la forme.

Léandre. – Tout beau, Scapin.

Scapin. – Bon, bon; on fait bien scrupule de cela: vous moquez-vous? Mais j'aperçois venir le père d'Octave. Commençons par lui, puisqu'il se présente.

Molière, *Les Fourberies de Scapin* [1671], acte II, scène 4,
Belin-Gallimard, «Classico», 2013.

Marivaux, *L'Île des esclaves*

Dans cette pièce de Marivaux (1688-1763), Iphicrate et son valet Arlequin débarquent, après un naufrage, sur une île où le rôle des maîtres et des valets est inversé. Au moment où Iphicrate veut battre son valet,

---

1. Pistoles: anciennes pièces de monnaie d'or battue en Espagne et en Italie.
2. Et je le livre pour: et je vous garantis qu'il appartient à.

qui s'est moqué de lui, intervient Trivelin, qui l'empêche d'être violent et procède à l'inversion des rôles.

TRIVELIN, *faisant saisir et désarmer Iphicrate par ses gens.* – Arrêtez, que voulez-vous faire ?

IPHICRATE. – Punir l'insolence de mon esclave.

TRIVELIN. – Votre esclave ? vous vous trompez, et l'on vous apprendra à corriger vos termes. *(Il prend l'épée d'Iphicrate et la donne à Arlequin.)* Prenez cette épée, mon camarade, elle est à vous.

ARLEQUIN. – Que le ciel vous tienne gaillard[1], brave camarade que vous êtes !

TRIVELIN. – Comment vous appelez-vous ?

ARLEQUIN. – Est-ce mon nom que vous demandez ?

TRIVELIN. – Oui vraiment.

ARLEQUIN. – Je n'en ai point, mon camarade.

TRIVELIN. – Quoi donc, vous n'en avez pas ?

ARLEQUIN. – Non, mon camarade ; je n'ai que des sobriquets[2] qu'il m'a donnés ; il m'appelle quelquefois Arlequin, quelquefois Hé.

TRIVELIN. – Hé ! le terme est sans façon ; je reconnais ces Messieurs à de pareilles licences[3]. Et lui, comment s'appelle-t-il ?

ARLEQUIN. – Oh, diantre ! il s'appelle par un nom, lui ; c'est le seigneur Iphicrate.

TRIVELIN. – Eh bien ! changez de nom à présent ; soyez le seigneur Iphicrate à votre tour ; et vous, Iphicrate, appelez-vous Arlequin, ou bien Hé.

ARLEQUIN, *sautant de joie, à son maître.* – Oh ! Oh ! que nous allons rire, seigneur Hé !

---

1. Gaillard : en bonne santé.
2. Sobriquets : surnoms.
3. Licences : libertés.

Trivelin, *à Arlequin.* – Souvenez-vous en prenant son nom, mon cher ami, qu'on vous le donne bien moins pour réjouir votre vanité, que pour le corriger de son orgueil.

Arlequin. – Oui, oui, corrigeons, corrigeons !

Iphicrate, *regardant Arlequin.* – Maraud !

Arlequin. – Parlez donc, mon bon ami, voilà encore une licence qui lui prend ; cela est-il du jeu ?

Trivelin, *à Arlequin.* – Dans ce moment-ci, il peut vous dire tout ce qu'il voudra. *(À Iphicrate.)* Arlequin, votre aventure vous afflige, et vous êtes outré contre Iphicrate et contre nous. Ne vous gênez point, soulagez-vous par l'emportement[1] le plus vif ; traitez-le de misérable, et nous aussi ; tout vous est permis à présent ; mais ce moment-ci passé, n'oubliez pas que vous êtes Arlequin, que voici Iphicrate, et que vous êtes auprès de lui ce qu'il était auprès de vous : ce sont là nos lois, et ma charge[2] dans la république est de les faire observer en ce canton-ci[3].

Arlequin. – Ah ! la belle charge !

Iphicrate. – Moi, l'esclave de ce misérable !

Trivelin. – Il a bien été le vôtre.

Arlequin. – Hélas ! il n'a qu'à être bien obéissant, j'aurai mille bontés pour lui.

Marivaux, *L'Île des esclaves* [1725], scène 2,
Belin-Gallimard, « Classico », 2010.

Beaumarchais, *Le Mariage de Figaro*

Beaumarchais (1732-1799) a écrit une trilogie dont *Le Mariage de Figaro* occupe la place centrale. Figaro découvre que son maître, le comte Alma-

---

1. **Emportement** : colère.
2. **Charge** : fonction.
3. **En ce canton-ci** : dans cette région.

viva, veut séduire sa fiancée Suzanne. Pour avoir le champ libre, il propose à Figaro d'occuper un poste à Londres. Avec l'aide de Suzanne, Figaro élabore donc un plan pour tromper le comte. Dans cet extrait, chacun d'eux cherche à savoir ce que l'autre sait, sans dévoiler son propre plan...

LE COMTE. – Quel motif avait la comtesse pour me jouer un pareil tour?

FIGARO. – Ma foi, Monseigneur, vous le savez mieux que moi.

LE COMTE. – Je la préviens sur tout, et la comble de présents[1].

FIGARO. – Vous lui donnez, mais vous êtes infidèle. Sait-on gré[2] du superflu à qui nous prive du nécessaire?

LE COMTE. – ... Autrefois tu me disais tout.

FIGARO. – Et maintenant je ne vous cache rien.

LE COMTE. – Combien la comtesse t'a-t-elle donné pour cette belle association?

FIGARO. – Combien me donnâtes-vous pour la tirer des mains du docteur[3]? Tenez, Monseigneur, n'humilions pas l'homme qui nous sert bien, crainte d'en faire un mauvais valet.

LE COMTE. – Pourquoi faut-il qu'il y ait toujours du louche en ce que tu fais?

FIGARO. – C'est qu'on en voit partout quand on cherche des torts.

LE COMTE. – Une réputation détestable!

FIGARO. – Et si je vaux mieux qu'elle? Y a-t-il beaucoup de seigneurs qui puissent en dire autant?

LE COMTE. – Cent fois je t'ai vu marcher à la fortune[4], et jamais aller droit.

---

1. Je la préviens sur tout, et la comble de présents: j'anticipe ses désirs et je lui offre de nombreux cadeaux.
2. Sait-on gré: est-on reconnaissant.
3. Figaro fait allusion à l'aide qu'il a apportée au comte lorsque ce dernier tentait de séduire la comtesse, qui était alors sous l'autorité du docteur Bartholo.
4. À la fortune: au hasard.

FIGARO. – Comment voulez-vous ? la foule est là : chacun veut courir, on se presse, on pousse, on coudoie[1], on renverse, arrive qui peut ; le reste est écrasé. Aussi c'est fait ; pour moi, j'y renonce.

LE COMTE. – À la fortune ? *(À part.)* Voici du neuf.

FIGARO, *à part.* – À mon tour maintenant. *(Haut.)* Votre Excellence m'a gratifié de la conciergerie du château ; c'est un fort joli sort : à la vérité, je ne serai pas le courrier étrenné[2] des nouvelles intéressantes ; mais, en revanche, heureux avec ma femme au fond de l'Andalousie[3]…

LE COMTE. – Qui t'empêcherait de l'emmener à Londres ?

FIGARO. – Il faudrait la quitter si souvent, que j'aurais bientôt du mariage par-dessus la tête.

LE COMTE. – Avec du caractère et de l'esprit[4], tu pourrais un jour t'avancer dans les bureaux[5].

FIGARO. – De l'esprit pour s'avancer ? Monseigneur se rit du mien. Médiocre et rampant, et l'on arrive à tout.

LE COMTE. – Il ne faudrait qu'étudier un peu sous moi la politique[6].

FIGARO. – Je la sais.

LE COMTE. – Comme l'anglais, le fond de la langue !

FIGARO. – Oui, s'il y avait ici de quoi se vanter. Mais feindre d'ignorer ce qu'on sait, de savoir tout ce qu'on ignore ; d'entendre ce qu'on ne comprend pas, de ne point ouïr ce qu'on entend ; surtout de pouvoir au-delà de ses forces ; avoir souvent pour grand secret de cacher qu'il n'y en a point ; s'enfermer pour tailler des plumes, et paraître profond quand on n'est, comme on dit, que

---

1. **On coudoie** : on joue des coudes, on pousse les autres.
2. **Le courrier étrenné** : celui qui portait les nouvelles à cheval.
3. **Andalousie** : région du Sud de l'Espagne, où se situe l'action de la pièce.
4. **De l'esprit** : de l'intelligence.
5. **T'avancer dans les bureaux** : progresser pour obtenir un poste intéressant.
6. **Étudier [...] sous moi** : étudier avec moi ; **politique** : ici, art de se lier avec des personnes dans son propre intérêt.

vide et creux ; jouer bien ou mal un personnage, répandre des espions et pensionner des traîtres ; amollir des cachets, intercepter des lettres, et tâcher d'ennoblir la pauvreté des moyens par l'importance des objets : voilà toute la politique, ou je meure !

LE COMTE. – Eh ! c'est l'intrigue[1] que tu définis !

FIGARO. – La politique, l'intrigue, volontiers ; mais, comme je les crois un peu germaines[2], en fasse qui voudra ! J'aime mieux ma mie, ô gué ! comme dit la chanson du bon roi.

LE COMTE, *à part*. – Il veut rester. J'entends… Suzanne m'a trahi.

FIGARO, *à part*. – Je l'enfile, et le paye en sa monnaie.

Beaumarchais, *Le Mariage de Figaro* [1778], acte III, scène 5,
Belin-Gallimard, « Classico », 2011.

Victor Hugo, *Ruy Blas*

Dans cette pièce de Victor Hugo (1802-1885), le perfide Don Salluste a été exilé de la cour par la reine d'Espagne. Pour se venger, il déguise son valet Ruy Blas en noble afin qu'il séduise la reine d'Espagne dans l'espoir qu'elle soit déshonorée. Mais Ruy Blas s'éprend réellement d'elle. Il déclare alors qu'il veut cesser d'être aux ordres de Don Salluste, mais ce dernier lui rappelle qu'il n'est qu'un valet déguisé, et menace de révéler sa véritable identité.

RUY BLAS, *se relevant.*
Ho ! C'est trop ! à présent
Je suis duc d'Olmedo, ministre tout-puissant !
Je relève le front sous le pied qui m'écrase.

DON SALLUSTE
Comment dit-il cela ? Répétez donc la phrase.

---

1. Intrigue : manigances, manœuvres secrètes destinées à faire réussir ou manquer un projet.
2. Germaines : cousines.

Ruy Blas duc d'Olmedo ? Vos yeux ont un bandeau.
Ce n'est que sur Bazan qu'on a mis Olmedo.

RUY BLAS

Je vous fais arrêter.

DON SALLUSTE

Je dirai qui vous êtes.

RUY BLAS, *exaspéré.*

Mais…

DON SALLUSTE

Vous m'accuserez ? J'ai risqué nos deux têtes.
C'est prévu. Vous prenez trop tôt l'air triomphant.

RUY BLAS

Je nierai tout !

DON SALLUSTE

Allons ! Vous êtes un enfant.

RUY BLAS

Vous n'avez pas de preuve !

DON SALLUSTE

Et vous pas de mémoire.
Je fais ce que je dis, et vous pouvez m'en croire.
Vous n'êtes que le gant, et moi je suis la main.

Bas et se rapprochant de Ruy Blas.

Si tu n'obéis pas, si tu n'es pas demain
Chez toi, pour préparer ce qu'il faut que je fasse,
Si tu dis un seul mot de tout ce qui se passe,
Si tes yeux, si ton geste en laissent rien percer[1],

---

1. **Percer** : deviner.

Celle pour qui tu crains, d'abord, pour commencer,
Par ta folle aventure, en cent lieux répandue,
Sera publiquement diffamée et perdue[1].
Puis elle recevra, ceci n'a rien d'obscur,
Sous cachet[2], un papier, que je garde en lieu sûr,
Écrit, te souvient-il avec quelle écriture ?
Signé, tu dois savoir de quelle signature ?
Voici ce que ses yeux y liront : « Moi, Ruy Blas,
Laquais de monseigneur le marquis de Finlas,
En toute occasion, ou secrète ou publique,
M'engage à le servir comme un bon domestique. »

> **RUY BLAS**, *brisé et d'une voix éteinte.*

Il suffit. – Je ferai, monsieur, ce qu'il vous plaît.

La porte du fond s'ouvre. On voit rentrer les conseillers du conseil privé.
Don Salluste s'enveloppe vivement de son manteau.

> **DON SALLUSTE**, *bas.*

On vient.

> *Il salue profondément Ruy Blas. Haut.*

Monsieur le duc, je suis votre valet.

> *Il sort.*

Victor Hugo, *Ruy Blas* [1838], acte III, scène 5,
Belin-Gallimard, « Classico », 2009.

Bertolt Brecht, *Maître Puntila et son valet Matti*

Cette pièce de Bertolt Brecht (1898-1956) met en scène un riche propriétaire finlandais, Puntila, un être égoïste et tyrannique qui devient aimable et généreux lorsqu'il est ivre. Aussi fait-il, lorsqu'il est sous

---

1. Sera publiquement diffamée et perdue : connaîtra une humiliation publique et sera déshonorée.
2. Sous cachet : portant un cachet de cire fondue, qui indique que personne n'a ouvert le courrier.

l'emprise de l'alcool, des promesses qu'il ne peut honorer lorsqu'il redevient sobre. Son valet, un homme raisonnable, n'est pas dupe. Dans cet extrait de la première scène, Puntila boit un verre d'alcool et le traite en ami.

LE MAÎTRE D'HÔTEL, *entre avec une bouteille.* – Votre aquavit[1], monsieur Puntila, et aujourd'hui c'est vendredi.

PUNTILA. – C'est bien. *(Désignant Matti:)* C'est un ami à moi.

LE MAÎTRE D'HÔTEL. – Oui, votre chauffeur, monsieur Puntila.

PUNTILA. – Tiens, tu es chauffeur? Je l'ai toujours dit, c'est en voyageant qu'on rencontre les gens les plus intéressants. Verse!

MATTI. – J'aimerais savoir ce que vous avez encore dans la tête. Je ne sais pas si je vais boire votre aquavit.

PUNTILA. – Tu es un homme méfiant, je vois. Je comprends ça. On ne doit pas s'asseoir à table avec des étrangers. Je suis le propriétaire Puntila de Lammi et un homme honnête. Avec moi, tu peux boire tranquille, frère.

MATTI. – Bien. Je suis Matti Altonen et je suis content de faire votre connaissance.

Il boit à sa santé.

PUNTILA. – J'ai bon cœur, et je m'en félicite. Une fois j'ai transporté un scarabée de la route dans le bois, pour qu'il ne se fasse pas écraser, c'est sans doute un peu exagéré chez moi. Je l'ai fait grimper sur un bâton. Tu as un aussi bon cœur que moi, je le vois bien. Quand quelqu'un écrit «je» avec un grand J, je ne peux pas le supporter. Il faut corriger ça à coups de nerf de bœuf[2]. Il y en a, de ces gros paysans qui retirent le pain de la bouche au personnel. Moi, ce que j'aimerais le mieux, c'est ne donner que du rôti à mes gens. Ce sont des hommes eux aussi, et ils veulent manger un bon petit morceau, tout comme moi, c'est normal! Tu es bien de cet avis?

---

1. Aquavit: alcool des pays scandinaves.
2. Nerf de bœuf: sorte de fouet.

MATTI. – Absolument.

PUNTILA. – Je t'ai vraiment laissé attendre dehors? C'est pas bien de ma part, je m'en veux énormément, et je te demande, si ça m'arrive encore une fois, de prendre une clé anglaise et de m'en flanquer un grand coup sur le cassis[1]! Matti, es-tu mon ami?

MATTI. – Non.

PUNTILA. – Je te remercie. Je le savais. Matti, regarde-moi! Que vois-tu?

MATTI. – Je dirais: un gros lourdaud, saoul comme un cochon.

PUNTILA. – Je te remercie! Ça montre combien les apparences sont trompeuses. Je suis tout à fait différent. Matti, je suis un homme malade.

MATTI. – Très malade.

PUNTILA. – Ça me fait plaisir. Tout le monde ne le voit pas. Quand tu me vois comme ça, tu pourrais ne pas t'en douter. *(Sombre, fixant Matti:)* J'ai des accès[2].

MATTI. – Ne dites pas ça.

PUNTILA. – Dis donc, il n'y a pas de quoi rire. Ça me tombe dessus au minimum une fois par trimestre. Je me réveille et tout à coup me voilà à jeun[3] comme il n'est pas permis. […]

Bertolt Brecht, Maître Puntila et son valet Matti [1940], scène 1,
trad. de l'allemand par Michel Cadot, L'Arche, 1997.

---

1. **Clé anglaise**: outil; **sur le cassis**: sur la tête (familier).
2. **Accès**: crises de violence.
3. **À jeun**: sobre, pas sous l'emprise de l'alcool.

Séances d'hypnose

Honoré de Balzac, *Ursule Mirouët*

Dans cet extrait du roman de Balzac (1799-1850), le docteur Minoret est venu à Paris pour constater les effets du magnétisme, auquel il ne croit pas. Avec son ami Bouvard, ils se rendent chez un magnétiseur : celui-ci a mis une jeune femme en état de transe, et prétend qu'elle peut se rendre, en esprit, où il veut…

« Elle dort ! dit Minoret en examinant la femme qui lui parut appartenir à la classe inférieure.

– Son corps est en quelque sorte annulé, répondit le swedenborgiste[1]. Les ignorants prennent cet état pour le sommeil. Mais elle va vous prouver qu'il existe un univers spirituel et que l'esprit n'y reconnaît point les lois de l'univers matériel. Je l'enverrai dans la région où vous voudrez qu'elle aille. À vingt lieues[2] d'ici comme en Chine, elle vous dira ce qui s'y passe.

– Envoyez-la seulement chez moi, à Nemours, demanda Minoret.

– Je n'y veux être pour rien, répondit l'homme mystérieux. Donnez-moi votre main, vous serez à la fois acteur et spectateur, effet et cause. »

Il prit la main de Minoret, que Minoret lui laissa prendre ; il la tint pendant un moment en paraissant se recueillir, et de son autre main il saisit la main de la femme assise dans le fauteuil ; puis il mit celle du docteur dans celle de la femme en faisant signe au vieil incrédule de s'asseoir à côté de cette pythonisse sans trépied[3]. Minoret remarqua dans les traits excessivement calmes de cette femme un léger tressaillement[4] quand ils furent unis

---

1. Swedenborgiste : personne qui partage les théories d'Emanuel Swedenborg (1688-1772), scientifique et penseur suédois qui s'est intéressé à la relation entre le corps et l'esprit.
2. Lieues : ancienne unité de distance. Vingt lieues équivalent environ à quatre-vingts kilomètres.
3. Allusion à la prêtresse d'Apollon, la pythonisse ou pythie, qui, dans l'Antiquité, était installée sur un trépied et qui faisait des prophéties.
4. Tressaillement : sursaut.

par le swedenborgiste ; mais ce mouvement, quoique merveilleux dans ses effets, fut d'une grande simplicité.

« Obéissez à monsieur, lui dit ce personnage en étendant la main sur la tête de la femme qui parut aspirer de lui la lumière et la vie, et songez que tout ce que vous ferez pour lui me plaira. Vous pouvez lui parler maintenant, dit-il à Minoret.

– Allez à Nemours, rue des Bourgeois, chez moi, dit le docteur.

– Donnez-lui le temps, laissez votre main dans la sienne jusqu'à ce qu'elle vous prouve par ce qu'elle vous dira qu'elle y est arrivée, dit Bouvard à son ancien ami.

– Je vois une rivière, répondit la femme d'une voix faible en paraissant regarder en dedans d'elle-même avec une profonde attention malgré ses paupières baissées. Je vois un joli jardin.

– Pourquoi entrez-vous par la rivière et par le jardin ? dit Minoret.

– Parce qu'elles y sont.

– Qui ?

– La jeune personne et la nourrice auxquelles vous pensez.

– Comment est le jardin ? demanda Minoret.

– En y entrant par le petit escalier qui descend sur la rivière, il se trouve à droite une longue galerie en briques dans laquelle je vois des livres, et terminée par un *cabajoutis*[1] orné de sonnettes en bois et d'œufs rouges. À gauche le mur est revêtu d'un massif de plantes grimpantes, de la vigne vierge, du jasmin de Virginie. Au milieu se trouve un petit cadran solaire. Il y a beaucoup de pots de fleurs. Votre pupille[2] examine ses fleurs, les montre à sa nourrice, fait des trous avec un plantoir et y met des graines... La nourrice ratisse les allées... Quoique la pureté de cette jeune fille soit celle d'un ange, il y a chez elle un commencement d'amour, faible comme un crépuscule du matin. »

[...] Il n'est pas inutile de faire observer qu'entre chaque phrase de la femme il s'écoulait de dix à quinze minutes pendant lesquelles son attention se concentrait de plus en plus. On la voyait voyant ! son front présentait des aspects singuliers : il s'y peignait des efforts intérieurs, il s'éclaircissait ou se contractait par

---

1. Cabajoutis : cabanon.
2. Pupille : personne mineure placée sous l'autorité de quelqu'un.

une puissance dont les effets n'avaient été remarqués par Minoret que chez les mourants dans les instants où ils sont doués du don de prophétie. Elle fit à plusieurs reprises des gestes qui ressemblaient à ceux d'Ursule.

« Oh ! questionnez-la, reprit le mystérieux personnage en s'adressant à Minoret, elle vous dira les secrets que vous pouvez seul connaître. »

Honoré de Balzac, *Ursule Mirouët* [1842], Gallimard, « Folio classique », 1981.

Edgar Allan Poe, « La vérité sur le cas de M. Valdemar »

L'écrivain américain Edgar Poe (1809-1849) a écrit des nouvelles consacrées à des sujets fantastiques ou mystérieux. Dans celle-ci, le narrateur hypnotise M. Valdemar, qui est sur le point de mourir. Il relate la séance d'hypnose durant laquelle il a fait parler M. Valdemar de la mort qui était en train de le prendre...

En approchant de M. Valdemar, je fis une espèce de demi-effort pour déterminer son bras droit à suivre le mien dans les mouvements que je décrivais doucement çà et là au-dessus de sa personne. Autrefois, quand j'avais tenté ces expériences avec le patient, elles n'avaient jamais pleinement réussi, et assurément je n'espérais guère mieux réussir cette fois ; mais, à mon grand étonnement, son bras suivit très doucement, quoique les indiquant faiblement, toutes les directions que le mien lui assigna. Je me déterminai à essayer quelques mots de conversation.

« Monsieur Valdemar, – dis-je, – dormez-vous ? »

Il ne répondit pas, mais j'aperçus un tremblement sur ses lèvres, et je fus obligé de répéter ma question une seconde et une troisième fois. À la troisième, tout son être fut agité d'un léger frémissement ; les paupières se soulevèrent d'elles-mêmes comme pour dévoiler une ligne blanche du globe ; les lèvres remuèrent paresseusement et laissèrent échapper ces mots dans un murmure à peine intelligible :

« Oui ; je dors maintenant. Ne m'éveillez pas ! – Laissez-moi mourir ainsi ! »

Je tâtai les membres et les trouvai toujours aussi rigides. Le bras droit, comme tout à l'heure, obéissait à la direction de ma main. Je questionnai de nouveau le somnambule.

« Vous sentez-vous toujours mal à la poitrine, monsieur Valdemar ? »

La réponse ne fut pas immédiate ; elle fut encore moins accentuée que la première :

« Mal ? – non, – je meurs. »

[...]

Pendant que je parlais, il se fit un changement marqué dans la physionomie du somnambule. Les yeux roulèrent dans leurs orbites, lentement découverts par les paupières qui remontaient ; la peau prit un ton général cadavéreux, ressemblant moins à du parchemin qu'à du papier blanc ; et les deux taches hectiques circulaires, qui jusque-là étaient vigoureusement fixées dans le centre de chaque joue, *s'éteignirent* tout d'un coup. Je me sers de cette expression, parce que la soudaineté de leur disparition me fait penser à une bougie soufflée plutôt qu'à toute autre chose. La lèvre supérieure, en même temps, se tordit en remontant au-dessus des dents que tout à l'heure elle couvrait entièrement, pendant que la mâchoire inférieure tombait avec une saccade qui put être entendue, laissant la bouche toute grande ouverte, et découvrant en plein la langue noire et boursouflée. Je présume que tous les témoins étaient familiarisés avec les horreurs d'un lit de mort ; mais l'aspect de M. Valdemar en ce moment était tellement hideux, hideux au-delà de toute conception, que ce fut une reculade générale loin de la région du lit.

Edgar Allan Poe, « La Vérité sur le cas de M. Valdemar » dans *Histoires extraordinaires* [1832-1845], trad. de l'anglais par Charles Baudelaire, Gallimard, « Folio Classique », 2004.

Georges Feydeau, *Le Système Ribadier*

Dans cette pièce de Georges Feydeau (1862-1921), Ribadier possède un « système » imparable pour rejoindre sa maîtresse sans être soupçonné par son épouse Angèle. Lorsqu'il souhaite sortir en cachette, il l'endort grâce à son pouvoir hypnotique. Dans cet extrait, Ribadier ouvre une lettre de sa maîtresse avant d'être surpris par son épouse, qu'il hypnotise...

Scène 13
Ribadier, Angèle

RIBADIER, *seul.* – Voyons ça ! *(Ouvrant la dépêche[1].)* Thérèse Savinet ! C'est d'elle ! Hein ! Tout de même si cette dépêche avait été remise à ma femme ! On côtoie tout le temps des précipices dans la vie ! *(Lisant.)* « Bébé » *(Souriant.)* « Bébé »... c'est moi ! « Bébé, mon mari a été appelé brusquement en Bourgogne, pour acheter une récolte sur pied, ma soirée est libre, j'ai donné campo[2] aux domestiques, je t'attends à neuf heures ! » *(Regardant sa montre.)* Sapristi ! Neuf heures ! Il est huit heures et demie, je n'ai pas de temps à perdre ! *(Voyant Angèle qui entre.)* Ma femme ! Elle arrive bien ! *(Il éloigne le fauteuil de la table.)* Je n'ai que le temps d'appliquer le grand moyen !

ANGÈLE, *sortant de sa chambre avec une corbeille à ouvrage[3] qu'elle pose sur la table.* – Ton ami est parti ?

RIBADIER. – Oui, il a regagné le pavillon ! Eh ! Bien, tu ne me regardes pas... Tu m'en veux donc toujours ?

ANGÈLE. – Moi ? Oh ! Non... je sais très bien que tu ne me trompes pas.

RIBADIER. – Mais regarde-moi donc dans les yeux ! Là, les mains dans les mains ! *(Il lui prend les deux mains.)* Est-ce que j'ai l'air

---

1. **Dépêche** : lettre.
2. **J'ai donné campo** : j'ai donné congé.
3. **Corbeille à ouvrage** : panier contenant de quoi effectuer des travaux d'aiguille, comme la couture.

d'un mari qui te trompe ? Est-ce que je te regarderais comme ça si je te trompais ? Mais tu ne vois donc pas que je t'aime ?

ANGÈLE, *dont les yeux deviennent fixes sous l'impression de la suggestion et tombant dans un fauteuil.* – C'est vrai ?… Tu m'aimes ?…

RIBADIER. – Mais oui… je t'aime… *(Voyant Angèle endormie.)* Ça y est ! *(Pompeusement* [1] *au public, montrant Angèle.)* Le système Ribadier ! […]

Scène 14
Les mêmes, Thommereux

THOMMEREUX, *entrant du fond.* – Ah ! Mon cher, je serai très bien là-bas…

RIBADIER. – Ah ! Tant mieux ! *(Allant prendre son chapeau sur le meuble de droite.)* Je sors ! Tu descends avec moi ?

THOMMEREUX. – Moi je… *(Apercevant Angèle endormie.)* Ah ! Mon Dieu, Angèle, madame… ta femme…

RIBADIER. – Ne fais pas attention !

THOMMEREUX. – Mais, regarde donc ! Qu'est-ce qu'elle a ?

RIBADIER. – Eh bien ! *(Pompeusement.)* C'est le système Ribadier !

THOMMEREUX. – Hein !

RIBADIER. – Elle va dormir comme ça pendant mon absence et quand je reviendrai, ffue ! je souffle dessus, elle s'éveille, et ni vu ni connu.

Georges Feydeau, *Le Système Ribadier* [1892], acte I, scènes 13-14, *Théâtre complet*, t. 2, Classiques Garnier, « Bibliothèque du théâtre français », 2011.

---

1. **Pompeusement** : solennellement.

Rudyard Kipling, *Le Livre de la jungle*

Dans cet extrait du *Livre de la jungle* de Rudyard Kipling (1865-1936), Mowgli, le «petit d'homme», échappe aux Bandar-log, des singes qui ont voulu le capturer, grâce à l'ours Baloo, à la panthère Bagheera, et surtout au puissant serpent Kaa. Ce dernier s'apprête en effet à manger les singes. Pour les diriger dans sa gueule, il les hypnotise par une danse.

«Bien. Et maintenant, voici la danse… la Danse de la Faim de Kaa. Restez tranquilles et regardez!»

Il se lova[1] deux ou trois fois en un grand cercle, agitant sa tête de droite et de gauche d'un mouvement de navette. Puis il se mit à faire des boucles et des huit avec son corps, des triangles visqueux qui se fondaient en carrés mous, en pentagones, en tertres[2] mouvants, tout cela sans se hâter, sans jamais interrompre le sourd bourdonnement de sa chanson. La nuit se faisait de plus en plus noire; bientôt, on ne distingua plus la lente et changeante oscillation[3] du corps, mais on continuait d'entendre le bruissement des écailles.

Baloo et Bagheera se tenaient immobiles comme des pierres, des grondements au fond de la gorge, le cou hérissé, et Mowgli regardait, tout surpris.

«Bandar-log, dit enfin la voix de Kaa, pouvez-vous bouger mains ou pieds sans mon ordre? parlez!

– Sans ton ordre, nous ne pouvons bouger pieds ni mains, ô Kaa!

– Bien! Approchez d'un pas plus près de moi.»

Les rangs des singes, irrésistiblement, ondulèrent en avant et Baloo et Bagheera firent avec eux un pas raide.

«Plus près!» siffla Kaa.

Et tous entrèrent en mouvement de nouveau.

Mowgli posa ses mains sur Baloo et sur Bagheera pour les entraîner au loin, et les deux grosses bêtes tressaillirent[4], comme si on les eût tirées d'un rêve.

---

1. **Se lova**: s'enroula.
2. **Tertres**: collines.
3. **Oscillation**: mouvement de balancier.
4. **Tressaillirent**: sursautèrent.

« Laisse ta main sur mon épaule, murmura Bagheera. Laisse-la, ou je vais être obligé de retourner... de retourner vers Kaa. Aah !

– Mais ce n'est rien que le vieux Kaa en train de faire des ronds dans la poussière, allons-nous-en, dit Mowgli, allons-nous-en ! »

Et tous trois se glissèrent à travers une brèche des murs pour gagner la Jungle.

« *Whoof !* dit Baloo, quand il se retrouva dans la calme atmosphère des arbres. Jamais plus je ne fais alliance avec Kaa. »

Et il se secoua du haut en bas.

« Il en sait plus que nous, dit Bagheera, en frissonnant. Un peu plus, si je n'avais suivi, je marchais dans sa gueule.

– Plus d'un en prendra la route avant que la lune se lève de nouveau, dit Baloo. Il fera bonne chasse... à sa manière.

– Mais qu'est-ce que tout cela signifiait ? demanda Mowgli, qui ne savait rien de la puissance hypnotique de fascination du Python. Je n'ai rien vu de plus qu'un gros serpent en train de faire des ronds ridicules, jusqu'à ce qu'il fît noir. »

Rudyard Kipling, « La Chasse de Kaa » dans *Le Livre de la jungle* [1899], trad. de l'anglais par Louis Fabulet et Robert d'Humières, Gallimard jeunesse, « Folio junior », 2010.

Hergé, *Les Sept Boules de cristal*

Cet album d'Hergé (1907-1983) appartient à la série des *Aventures de Tintin*. Lors d'un spectacle, le jeune reporter et le capitaine Haddock assistent à un numéro d'hypnose qui s'interrompt de façon dramatique et mystérieuse.

Je commence par plonger madame Yamilah dans un état hypnotique...

Madame Yamilah, êtes-vous prête à me répondre ?

Oui, sahib...

Bon... Dites-moi, madame Yamilah, quel est le prénom de ce monsieur ?

Séraphin...

Est-ce exact, monsieur ?

C'est... C'est exact !

Bien... Répondez-moi, madame Yamilah... Que contient le sac à main de cette dame ?...

Un mouchoir... un trousseau de clés... un agenda... un poudrier... une carte d'identité...

Le numéro de cette carte d'identité, madame Yamilah ?

Trente-huit, quatre cent vingt-cinq...

C'est bien

Formidable, hein ?...

Madame Yamilah, pouvez-vous me dire si cette dame, là, au troisième rang, est mariée ?

Oui, elle est mariée.

Bien... Et quelle est la profession de son mari ?...

Cinéaste

Est-ce exact, madame ?..

Oui, c'est cela.

Je le vois... Il revient d'un long voyage dans un pays lointain... Mais... mais... que se passe-t-il ?... Il souffre... Il souffre... Il est atteint d'un mal mystérieux...

Hergé, *Les Sept Boules de cristal* [1948], Casterman, rééd. 2007.
© Hergé/Moulinsart 2012.

Georgia Byng, *Molly Moon et le Livre magique de l'hypnose*

Dans ce roman de Georgia Byng (née en 1966), la jeune orpheline Molly Moon fait la découverte d'un livre qui explique des techniques d'hypnose. Celles-ci lui permettent de prendre le contrôle de ceux qui l'entourent, notamment de la cruelle Miss Adderstone, qui dirige l'orphelinat, et des autres enfants qui y vivent...

Tout le monde se calma sur-le-champ. Alors, Molly redressa lentement la tête. Ses yeux balayèrent l'assistance comme deux puissants projecteurs et tous les enfants, un par un, se trouvèrent pris dans leur faisceau, tels des lapins de garenne paralysés par les phares d'une voiture. Molly avait l'impression d'être dans un jeu électronique. Clic, clic, clic. Chaque fois qu'elle captait le regard de quelqu'un, elle sentait s'abattre ses défenses et elle marquait un point. Elle parcourut ainsi les rangées l'une après l'autre. Gemma, Gerry, Ruby et Jinx. Avec eux, aucun problème. Avec les plus grands non plus d'ailleurs. Tous ceux qui la toisaient d'ordinaire avec mépris ou moquerie la considéraient maintenant d'un œil inexpressif et soumis. Gordon, Roger... Tout à coup, quelqu'un lui tapa sur l'épaule.

– Je te rappelle que c'est à moi de passer en premier, dit Hazel de sa voix geignarde.

Molly fit volte-face. Les yeux de Hazel – deux fentes malveillantes – la défiaient sans vergogne[1]. Molly se focalisa sur eux.

La figure de Hazel se contracta bizarrement. D'ordinaire, elle ne faisait qu'effleurer Molly du regard, tant elle la trouvait laide et sans intérêt. Là, elle n'arrivait pas à en détacher les yeux. Les pupilles de Molly agissaient sur elle comme deux aimants noirs. Elle voulut regarder ailleurs. Impossible. Telle une personne qui se cramponne en vain à la berge pour ne pas se faire emporter par le courant, Hazel tenta de résister, mais elle finit par lâcher prise et sombra dans l'eau verte des yeux de Molly.

[...]

Jusqu'à maintenant, Molly avait toujours tiré le mauvais numéro dans la grande loterie de la vie. À présent, elle comptait bien décrocher le gros lot. Mener une vie en technicolor[2], comme dans ses publicités favorites. C'était peut-être pour demain, pourquoi pas ? Elle songea à toutes les belles choses qu'elle allait pouvoir s'offrir avec l'argent du concours[3]. Mais ce n'était qu'un début, une mise en bouche, un hors-d'œuvre, car désormais, elle était sûre d'être à l'abri du besoin grâce à son pouvoir hypnotique. Quant au reste, elle décréta qu'à partir de ce jour, plus personne ne la bousculerait, ne la pincerait, ne l'asticoterait, ne l'ignorerait ni ne lui donnerait des ordres. Molly Moon

---

1. Sans vergogne : sans honte, sans crainte.
2. Mener une vie en technicolor : mener la belle vie (allusion à une technique qui a permis de produire des films en couleurs).
3. Allusion à un concours de jeunes talents que Molly prévoit de gagner en employant l'hypnose.

allait devenir quelqu'un et les autres n'avaient qu'à bien se tenir. Une nouvelle étoile allait bientôt jaillir du firmament[1] et éblouir le monde entier.

Georgia Byng, *Molly Moon et le Livre magique de l'hypnose* [2002], trad. de l'anglais par Pascale Jusforgues, LGF, « Le livre de poche jeunesse », 2005.
© Albin Michel.

---

1. **Firmament**: ciel.

Interview imaginaire
de Georges Feydeau

▶▶▶ *Quand avez-vous décidé d'écrire pour le théâtre ?*

Je devais avoir sept ans quand mes parents m'ont emmené pour la première fois au théâtre; j'étais si enthousiaste que j'ai pris la plume dès le lendemain matin pour écrire des pièces! J'inventais sans fin de nouveaux personnages que je jetais dans des situations farfelues afin de créer les intrigues les plus comiques. Le dramaturge Henri Meilhac, à qui j'ai fait lire un jour une de mes pièces, en a conclu: «ta pièce est stupide,

**Georges Feydeau
(1862-1921)**

mais elle est scénique. Tu seras un homme de théâtre [1]». Il n'en fallait pas davantage pour affirmer ma vocation. Puis, adolescent, je suis monté sur les planches, seul ou en compagnie de mes camarades d'école, et je faisais des numéros parodiques, des imitations… J'ai longtemps pensé devenir comédien, mais j'ai finalement choisi l'écriture théâtrale.

---

1. Rapporté par Henry Gidel dans Georges Feydeau, *Théâtre complet*, t. 1, Garnier, «Classiques Garnier», 1988.

▶▶▌ *Vous n'avez cessé de triompher dans les théâtres parisiens, certaines de vos pièces ont été jouées plus de deux cent cinquante fois!*

Mes pièces ont certes connu un grand succès, mais pas immédiatement. J'avais dix-neuf ans lorsqu'on a représenté pour la première fois une de mes pièces; et vingt-trois lorsqu'on a créé *Tailleur pour dames* (1886), qui a remporté la franche adhésion du public. Mais il a fallu que je persévère, et j'ai traversé quelques difficultés financières avant de connaître la gloire. Le triomphe est arrivé avec le siècle nouveau. Lorsqu'on jouait *La Dame de chez Maxim* en 1899, les étrangers du monde entier venus admirer la tour Eiffel récemment achevée refusaient de rentrer chez eux avant d'avoir assisté à une représentation de ma pièce! Je peux me vanter d'avoir fait rire plusieurs milliers de personnes.

▶▶▌ *D'où votre inspiration vient-elle?*

J'observe les gens dans les cafés ou les restaurants. Ce sont leurs caractères, surtout, qui m'inspirent pour la composition de mes personnages.

Je me suis d'abord fait connaître grâce à l'écriture des vaudevilles, dans lesquels je tourne en dérision les comportements et le caractère de mes contemporains. Il y est presque toujours question de maris volages et menteurs pris au piège entre leur épouse et leur maîtresse, ou bien entraînés dans une impitoyable suite d'événements. Ces histoires me permettent de mettre en scène coups de théâtre, personnages cachés, jeux de mots, fausses identités, mensonges. En 1908, j'ai cessé d'écrire des pièces longues pour me consacrer à l'écriture de comédies courtes, en un acte. Les intrigues y sont plus resserrées, mais le thème principal n'a pas changé: je n'ai pas cessé de m'intéresser aux mœurs bourgeoises, et de peindre leurs travers – avec peut-être encore plus de cruauté qu'auparavant.

▶▶▌ *Vous aviez déjà utilisé le thème de l'hypnose pour une précédente pièce,* Le Système Ribadier: *est-ce pour vous un thème de prédilection?*

J'ai avant tout choisi le thème de l'hypnose pour ses possibilités scéniques. Il se trouve aussi qu'à la fin du xixᵉ siècle, l'hypnose était à la mode: on pouvait assister à de nombreux spectacles dans les cabarets, où des charlatans qui prétendaient détenir des pouvoirs surnaturels endormaient magiquement des personnes choisies dans le public et leur faisaient dire ce qu'ils voulaient. En tant que dramaturge, j'ai été séduit par la dimension théâtrale de ce procédé : un personnage en contrôlant un autre, le faisant agir et parler à son gré, c'était une excellente idée pour la scène. J'ai donc eu l'idée de ce M. Ribadier, qui endort ainsi son épouse pour rejoindre sa maîtresse sans risquer d'être découvert.

▶▶ *Pour quelle raison avez-vous souhaité réutiliser ce thème dans* **Dormez, je le veux ! ?**

J'ai souhaité aller plus loin dans l'exploitation de ce procédé : l'épouse de Ribadier était simplement endormie par l'hypnose ; dans *Dormez, je le veux !* au contraire, Boriquet est manipulé par son domestique comme une marionnette, et agit à chaque fois de façon plus théâtrale et comique.

Contexte historique et culturel

La société française ébranlée par des scandales

La guerre de 1870, qui a opposé la France à la Prusse, s'achève par la défaite de Sedan. C'est la fin du régime de Napoléon III (1808-1873); la IIIe République est fondée le 4 septembre 1870.

Les premières années de la IIIe République sont agitées par des affaires politiques et juridiques. Le percement du canal de Panama par l'ingénieur français Ferdinand de Lesseps (1805-1894), reliant l'océan Atlantique à l'océan Pacifique par l'Amérique centrale, donne lieu à un immense scandale politique et financier à la fin des années 1880. L'affaire mène des milliers d'épargnants à la ruine. *Dormez, je le veux!* est joué trois ans après la fin du scandale de Panama et Feydeau fait allusion dans sa pièce à cet événement (voir p. 42).

À la fin du XIXe siècle, l'affaire Dreyfus secoue la société française. En 1894, le capitaine Alfred Dreyfus (1859-1935) est accusé d'avoir trahi la France durant la guerre de 1870, il est dégradé et envoyé au bagne. Mais des journalistes, et notamment l'écrivain Émile Zola (dans son article «J'accuse!» publié en 1898), révèlent que Dreyfus a été choisi comme bouc émissaire, car il était juif. L'affaire déchire la France pendant des années (Dreyfus n'est innocenté qu'en 1906) et met au jour l'antisémitisme d'une partie de l'armée et de la population françaises.

Des écrivains, comme Guy de Maupassant (1850-1893) ou Émile Zola (1840-1902), cherchent à peindre les contradictions de la société française. En effet, la liberté des mœurs et le goût de la distraction qui y règnent contredisent des discours publics qui vantent la moralité et la vertu. Georges Feydeau, à sa manière, s'inscrit dans cette visée critique en dépeignant des bourgeois qui n'ont d'autre préoccupation que de s'enrichir et de tromper leur épouse.

Les progrès techniques et les découvertes scientifiques

La seconde moitié du XIXe siècle est une période riche en progrès technologiques et découvertes scientifiques. Elle voit notamment se développer le moteur à explosion, qui permet la commercialisation des premières automobiles. Le rayonnement culturel de Paris à travers le monde est confirmé par deux Expositions universelles: la Tour Eiffel est construite et inaugurée pour l'Exposition de 1889, la première ligne de métro pour celle de 1900. Les progrès techniques permettent aussi de développer l'image animée. À Lyon, les frères Lumière procèdent aux premières projections publiques de films à la fin de l'année 1895. Des avancées scientifiques importantes ont lieu à la fin du XIXᵉ siècle, comme la découverte de nouveaux éléments radioactifs par Pierre et Marie Curie (1859-1906 et 1867-1934).

Ces progrès concernent aussi la médecine. L'hypnose médicale naît à la fin du XIXᵉ siècle. Elle se développe sous la double impulsion des docteurs Charcot, à l'hôpital de la Salpêtrière à Paris, et Bernheim, à Nancy. Le premier tente d'utiliser l'hypnose pour découvrir les origines de certains troubles nerveux, le second démontre la possibilité de soigner un sujet malade par des suggestions faites sous hypnose. C'est cette dernière méthode qui est représentée sur scène par Georges Feydeau dans *Le Système Ribadier* (1892) puis dans *Dormez, je le veux!* (1897). Valencourt, d'ailleurs, est présenté comme « une des gloires de l'École de Nancy » par Boriquet à la scène 6 (voir p. 31).

L'âge d'or du vaudeville

Lorsque Georges Feydeau commence sa carrière de dramaturge, en 1882 (*Par la fenêtre*), il s'inscrit dans la tradition du vaudeville, comédie légère qui comportait à l'origine des chansons, et qui met en scène des bourgeois pris au piège de situations cocasses ou absurdes. D'inspiration satirique (qui cherche à moquer pour critiquer), le vaudeville offre le reflet grinçant d'une classe sociale aisée (rentiers, médecins, notaires, assureurs...), satisfaite d'elle-même et ignorante de sa bêtise. Il s'en joue des centaines sur les scènes parisiennes de la fin du XIXᵉ siècle.

Les auteurs de vaudeville les plus reconnus sont Eugène Labiche (1815-1888), Georges Courteline (1858-1929) et Georges Feydeau (1862-1921). En 1860, Labiche donne avec *Le Voyage de M. Perrichon* un exemple typique de bourgeois aveuglé par ses certitudes. Le style de Labiche marque durablement la forme du vaudeville: personnages caricaturaux, situations et propos absurdes, répliques vivement enchaînées, émaillées de jeux de mots... Dans ce sillage, Courteline tourne en dérision les hommes lâches, les soldats ou les fonctionnaires, comme dans *Monsieur Badin* (1897).

Repères chronologiques

1860	E. Labiche, *Le Voyage de M. Perrichon* (théâtre).
1870-1871	**Guerre franco-prussienne, défaite de la France à Sedan. IIIe République.**
1872	Cl. Monet, *Impression, soleil levant* (peinture).
1878	Début des études sur l'hypnose par Charcot à Paris.
1881	Création posthume des *Contes d'Hoffmann* de J. Offenbach (opéra).
1882	**La loi Jules Ferry rend l'instruction obligatoire de 7 à 13 ans.**
1883	É. Zola, *Au Bonheur des dames* (roman).
1889	**Exposition universelle à Paris, inauguration de la tour Eiffel.**
1892	**Scandale du canal de Panama.** M. Maeterlinck, *Pelléas et Mélisande* (théâtre).
1895	Invention du cinéma par les frères Lumière.
1896	A. Jarry, *Ubu Roi* (théâtre).
1897	G. Feydeau, *Dormez, je le veux!* (théâtre). E. Rostand, *Cyrano de Bergerac* (théâtre).
1898	**Émile Zola publie « J'accuse ! » pour défendre le capitaine Dreyfus.**
1914-1918	**Première Guerre mondiale.**
1936	Ch. Chaplin, *Les Temps modernes* (cinéma).
1939-1945	**Seconde Guerre mondiale.**

Les grands thèmes de l'œuvre

Maîtres et valets

La revanche du valet

Justin fait preuve d'un ressentiment attendu contre son maître, qu'il traite d'«ours» et de «porc-épic» (p. 10). Il se révèle revanchard (il s'étonne de ne pas avoir droit au poulet lors du repas de son maître: «C'est ça, et moi il faut que je regarde manger!...», p. 35) et peut même être violent (scène 2). Lorsqu'il tient Boriquet sous son pouvoir, il le tutoie et multiplie les ordres et les humiliations. En effet, il ne se contente pas de lui faire effectuer ses tâches domestiques, il s'amuse, devant Éloi, à le faire agir comme une femme; plus tard dans la pièce, il lui suggère de se comporter comme un singe devant Valencourt et Émilienne. Par ailleurs, il est insultant à l'égard de Francine, la sœur de Boriquet, qu'il traite de «vieille fille» (p. 17) et de «laissé-pour-compte» (p. 19).

Le couple maître/valet

Les personnages du maître et du domestique sont construits de sorte qu'ils sont complémentaires. En effet, dans le couple qu'il forme avec Boriquet, c'est Justin qui apparaît comme le dominant: il demande à son maître d'exécuter les tâches que ce dernier lui a confiées, et Boriquet ne comprend pas pourquoi il a si chaud aux heures où Justin fait le ménage: la naïveté du maître est contrebalancée par la malhonnêteté du domestique.

En revanche, Valencourt et Éloi forment un couple plus conventionnel: tandis que le maître est un médecin renommé, le domestique est affublé d'un accent belge et d'un caractère naïf qui le rendent immédiatement sympathique. Son infériorité apparaît clairement lorsqu'il essaie d'endormir Valencourt: il n'y arrive pas et reçoit les coups qu'il pensait donner à son maître. De même, c'est par sa bouche que la vérité est découverte à la scène 19: incapable de tenir sa langue, il trahit Justin, qui l'avait mis dans la confidence de son pouvoir.

Être bourgeois à la place du bourgeois

Justin accorde une grande importance au confort matériel : «les choses lourdes, ça m'est défendu par mon médecin», précise-t-il dès la première scène. Justin cherche à profiter des bienfaits de la vie bourgeoise. C'est pourquoi la relation de pouvoir est inversée et l'inégalité du rapport de force aggravée par le valet qui usurpe les privilèges de son maître : non seulement il lui renvoie les ordres qu'il a reçus, mais il le regarde faire, s'assoit dans son fauteuil et fume son cigare en commentant le peu d'efficacité de Boriquet hypnotisé (scène 5). Plus tard, il invite Éloi à déguster en sa compagnie le poulet destiné à Boriquet et Francine. Il se réserve de surcroît le «croupion» (scène 8), considéré comme la meilleure partie du poulet. En somme, Justin aspire à être un bourgeois à la place du bourgeois, mais il ne cherche pas à prendre complètement la place de son maître ou à abolir la relation de domesticité : il n'est pas en quête de liberté mais veut demeurer un valet, servi par son maître.

Par l'intermédiaire du personnage de Justin, Georges Feydeau s'amuse à inverser le lien de domesticité qui existe dans la société bourgeoise afin de tirer toutes les conséquences comiques de ce procédé. Toutefois, ce renversement reste temporaire. En cela, le personnage de Justin diffère des précédentes figures de valet que le théâtre a produites : au XVIIe siècle, chez Molière, Scapin frappe ses maîtres et leur extorque de l'argent. Un siècle plus tard, le personnage de Figaro, inventé par Beaumarchais, met en valeur son mérite personnel face à l'arbitraire des privilèges dont jouit son maître. Feydeau, quant à lui, peint avec humour la superficialité de la vie bourgeoise, mais ne remet pas véritablement en question l'ordre établi.

Rire et hypnose

Les ressorts du comique

Afin d'atteindre son but, qui est avant tout de faire rire le public, Georges Feydeau utilise dans *Dormez, je le veux!* une grande diversité de moyens. Tous les types de comique sont en effet présents dans la pièce.

Le naïf Éloi, le superficiel et dupe Boriquet, la vieille fille Francine portent tour à tour le comique de caractère. Le coup de pied «au bon endroit» (p. 14) ou le comportement simiesque de Boriquet (scène 17) sont des exemples de comique de gestes. Le jeu d'apartés entre Boriquet et sa sœur, à la scène 7 (l. 58-60, p. 34), relève du comique de situation : chacun croit l'autre diminué et s'autorise une remarque empreinte d'une compassion un peu méprisante, révélant du même coup leur manque commun de lucidité. Enfin, le comique de mots est disséminé dans toute la pièce, notamment grâce au personnage d'Éloi, qui fournit quelques jeux de mots assez efficaces : le valet belge s'amuse par exemple à détourner l'expression « sciences occultes » en « coups de pied occultes » (p. 14) après que Justin a donné un coup de pied dans le derrière de son maître.

Le désordre sur scène

Le travestissement est un autre procédé prisé par Justin, qui, au début de la pièce, suggère à son patron hypnotisé qu'il est une femme (« Là, maintenant tu es une jolie femme... n'est-ce pas que tu es une jolie femme ? », scène 2), puis qu'il est « un singe au milieu des forêts d'Amérique » (scène 17). Cette instruction perverse lui fait adopter un comportement dégradant destiné à faire rire le public : claquements de langue, « mouvements simiesques », Boriquet « saut[e] sur les meubles », saute au cou de Valencourt et veut lui chercher les poux.

Allié à la grossièreté, le comportement animalier évoque le comique simple voire trivial de la farce. La scène 17 offre à ce titre un point culminant de la pièce : tandis que Francine danse et chante en espagnol, Boriquet, se prenant encore pour un singe, se tient sur la table, « imite le son de la guitare » et lance des papiers à la tête des autres personnages : une atmosphère de désordre total, visuel mais aussi sonore, règne sur scène.

Le rire, fruit d'une mise en scène millimétrée

Dormez, je le veux ! est une pièce courte, avec un nombre de personnages restreint : l'intrigue y est donc assez simple, mais la mise en scène n'en est pas moins pensée dans le détail. La didascalie initiale, qui présente le décor de la pièce, précise qu'il faut que le bureau soit « plat et très solide, afin de permettre à Boriquet de sauter dessus » ; la position des personnages sur scène est marquée grâce à un système de numéros (voir par exemple p. 10).

Les actions incongrues de Boriquet, lorsqu'il est sous hypnose, sont programmées à midi et midi et demi : Feydeau a prévu de faire sonner l'horloge à ces deux horaires pour renforcer l'effet comique provoqué par

le brusque changement de comportement du personnage. Plus généralement, le jeu des comédiens est déjà pour une large part programmé par
de très nombreuses didascalies concernant aussi bien les déplacements,
le ton, les mimiques que les gestes. Ainsi, Boriquet se déplace « avec une
allure automatique » (p. 43) et marche d'un « pas de somnambule » (p. 45)
lorsqu'il est sous l'effet de la suggestion, et il change brusquement de
comportement, « comme mû par un ressort » (p. 32). De même, le changement dans les expressions du visage est souligné dans des didascalies : « son visage, de fixe et immobile qu'il était, redevient calme et riant »
(p. 34) ; ou bien par les répliques des personnages étonnés : « regardez-
moi comme ses traits sont contractés » (p. 34).

Justin, maître de l'hypnose et maître de l'action

Le personnage de Justin est une sorte de metteur en scène à l'inté-
rieur de la pièce : lorsqu'il tient Boriquet ou sa sœur sous son pouvoir
hypnotique, il leur donne des ordres, de la même façon qu'un metteur
en scène dirige ses comédiens. Il oriente ainsi les déplacements de son
maître : « Là, promène-toi ma vieille... là, bien... Ah ! un ruisseau... prends
garde à ta robe !... » (p. 13). Comme un metteur en scène, Justin prépare
son spectacle : tout ce qu'il a ordonné à Boriquet se déroule sous les yeux
stupéfaits des autres personnages, qui sont comme des spectateurs présents sur scène. Ainsi les directives formulées à la scène 5 sont-elles réa-
lisées au cours des scènes 6, 7 et 11. Francine et surtout Boriquet sont
pareils à des marionnettes que Justin s'amuse à mettre en mouvement
et à pousser dans les situations les plus délicates : « là, débrouillez-vous »,
leur lance-t-il lorsqu'il les réveille après les avoir fait danser ou agir
comme des animaux (p. 61).

Fenêtres sur...

 Des ouvrages à lire

Des pièces mettant en scène la relation maître/valet

• Molière, *Les Fourberies de Scapin* [1671], Belin-Gallimard, «Classico», 2013.
Léandre et Octave se sont mariés en l'absence de leurs pères. Lorsque ces derniers reviennent de voyage, les deux jeunes gens, pris de panique, demandent de l'aide au valet Scapin; celui-ci, fourbe et rusé, invente des stratagèmes pour soutirer de l'argent aux vieillards.

• Marivaux, *L'Île des esclaves* [1725], Belin-Gallimard, «Classico», 2010.
À la suite d'un naufrage, Iphicrate et son valet Arlequin débarquent sur une île où le pouvoir appartient aux esclaves. Cette inversion des rôles permet aux esclaves de s'essayer au jeu de la séduction et aux maîtres de prendre conscience de leur cruauté; cependant chacun reprend sa place à la fin de la pièce.

• Beaumarchais, *Le Mariage de Figaro* [1784], Belin-Gallimard, «Classico», 2011.
Le valet Figaro doit épouser sa fiancée Suzanne; mais le comte Almaviva fait des avances à cette dernière, dont il souhaite faire sa maîtresse. Figaro doit déjouer les plans de son maître qui finit ridiculisé aux yeux de tous.

• Victor Hugo, *Ruy Blas* [1838], Belin-Gallimard, « Classico », 2009.
Au XVIIe siècle, Don Salluste, un noble de la cour d'Espagne, connaît la disgrâce après avoir fait un enfant à une suivante. Il élabore une vengeance en manipulant son valet Ruy Blas, à qui il permet de se rapprocher de la reine sous une fausse identité...

Sur le thème de l'hypnose

• Edgar Allan Poe, « Révélation magnétique » et « La Vérité sur le cas de M. Valdemar » dans *Histoires extraordinaires* [1832-1845], trad. de l'anglais par Ch. Baudelaire, Gallimard, « Folio classique », 2004.
Dans ces deux nouvelles, Edgar Poe relate des séances d'hypnose imaginaires, voire fantastiques, au cours desquelles il tente de percer les mystères de la mort et de Dieu.

• Georges Feydeau, *Le Système Ribadier* [1892], dans *Théâtre complet*, t. 2, Classiques Garnier, « Bibliothèque du théâtre français », 2011.
Ribadier a une méthode infaillible lorsqu'il veut échapper à la vigilance de son épouse Angèle, extrêmement jalouse, afin de rejoindre son amante: il l'hypnotise et la plonge dans un profond sommeil...

• Georgia Byng, *Molly Moon et le Livre magique de l'hypnose* [2002], trad. de l'anglais par Pascale Jusforgues, LGF, « Le livre de poche jeunesse », 2005.
Molly Moon vit dans un orphelinat sinistre où elle ne cesse de subir des malheurs et des injustices. Un jour, elle découvre des techniques d'hypnose qui vont lui permettre de prendre sa revanche... Ce roman aborde le thème de l'hypnose avec humour.

D'autres pièces de Georges Feydeau

• Georges Feydeau, *Le Dindon* [1896], Gallimard, « Folio théâtre », 2001.
Une série de personnages improbables (deux jeunes femmes qui craignent d'être trompées par leurs époux, un commissaire, un Anglais à l'accent marseillais, un médecin retraité, une prostituée...) est réunie dans un même hôtel, mais ils ne doivent surtout pas se rencontrer. Dans ce vaudeville trépidant, les sonnettes retentissent et les portes claquent.

• Georges Feydeau, *Feu la mère de Madame* [1908], Gallimard, «Folioplus classiques», 2010.

Yvonne et son époux, qui est rentré d'un bal à quatre heures du matin, se disputent. Un domestique interrompt cette scène de ménage pour annoncer que la mère d'Yvonne est décédée. Mais le domestique s'est trompé ! Cette brève pièce est conçue pour représenter l'action en temps réel : elle couvre trois quarts d'heure de la vie de ses personnages.

 ## Des films à voir

(Toutes les œuvres citées ci-dessous sont disponibles en DVD.)

• *Dead Again*, Kenneth Branagh, couleurs, 1992.

Le détective Mike Church tente d'aider une jeune femme amnésique à comprendre le secret de ses étranges cauchemars. Il rencontre un antiquaire qui pratique des séances d'hypnose sur elle : d'inquiétantes révélations en ressortent…

• *La Cérémonie*, Claude Chabrol, couleurs, 1995.

Sophie trouve un emploi de domestique au sein d'une grande famille bourgeoise, à qui elle cache qu'elle ne sait ni lire ni écrire. L'amitié qui la lie à la postière du village les mènera toutes deux à la plus grande cruauté envers les employeurs de Sophie.

• *Le Sortilège du scorpion de Jade*, Woody Allen, couleurs, 2001.

Lors d'une soirée, un assureur privé est hypnotisé par un magicien qui lui fait commettre des vols de bijoux dans des maisons puis qui le fait tomber amoureux de sa nouvelle collègue… alors que les deux personnages se détestent !

Des œuvres d'art à découvrir [Histoire des arts]

(Toutes les œuvres citées ci-dessous peuvent être vues sur Internet.)

• **André Brouillet, *Une leçon clinique à la Salpêtrière*, huile sur toile, 1887, Université Descartes, Paris.**
Cette toile plonge le spectateur au cœur d'une leçon de médecine à la fin du XIXᵉ siècle : le docteur Charcot a hypnotisé une patiente devant un public de jeunes médecins.

• **Odilon Redon, *Les Yeux clos*, huile sur toile marouflée sur carton, 1890, musée d'Orsay, Paris.**
Une impression de mystère se dégage de ce portrait : à quoi le personnage aux yeux clos rêve-t-il, ou quelle vision intérieure est-il en train de contempler ? Dans quel état second, peut-être hypnotique, est-il plongé ?

@ Un site Internet à consulter

• **www.theatre-corbeil-essonnes.fr/dossiers-presse/2009-dormez-je-le-veux.pdf**
Le dossier de presse de la mise en scène créée par Lisa Wurmser propose une brève analyse de la pièce, et explique les principaux choix de scénographie et l'usage de l'illusionnisme dans le spectacle.

Notes

Dans la même collection

CLASSICOCOLLÈGE

CLASSICOLYCÉE

Ray Bradbury – *Fahrenheit 451* (66)
Albert Camus – *La Peste* (90)
Emmanuel Carrère – *L'Adversaire* (40)
Corneille – *Médée* (84)
Dai Sijie – *Balzac et la Petite Tailleuse chinoise* (28)
Denis Diderot – *Supplément au Voyage de Bougainville* (56)
Marguerite Duras – *Un barrage contre le Pacifique* (67)
Paul Éluard – *Capitale de la douleur* (91)
Annie Ernaux – *La Place* (35)
Francis Scott Fitzgerald – *Gatsby le magnifique* (104)
Gustave Flaubert – *Madame Bovary* (89)
Romain Gary – *La Vie devant soi* (29)
Jean Genet – *Les Bonnes* (45)
J.-Cl. Grumberg, Ph. Minyana, N. Renaude – *Trois pièces contemporaines* (24)
Victor Hugo – *Le Dernier Jour d'un condamné* (44)
Victor Hugo – *Ruy Blas* (19)
Eugène Ionesco – *La Cantatrice chauve* (20)
Eugène Ionesco – *Le roi se meurt* (43)
Laclos – *Les Liaisons dangereuses* (88)
Mme de Lafayette – *La Princesse de Clèves* (71)
Marivaux – *L'Île des esclaves* (36)
Marivaux – *Le Jeu de l'amour et du hasard* (55)
Guy de Maupassant – *Bel-Ami* (27)
Guy de Maupassant – *Pierre et Jean* (64)
Molière – *Dom Juan* (26)
Molière – *L'École des femmes* (102)
Molière – *Le Tartuffe* (48)
Montesquieu – *Lettres persanes* (103)
Alfred de Musset – *On ne badine pas avec l'amour* (86)
George Orwell – *La Ferme des animaux* (106)
Pierre Péju – *La Petite Chartreuse* (92)
Francis Ponge – *Le Parti pris des choses* (72)
Abbé Prévost – *Manon Lescaut* (23)
Racine – *Andromaque* (22)
Racine – *Bérénice* (60)
Racine – *Phèdre* (39)
Arthur Rimbaud – *Œuvres poétiques* (68)

Pour obtenir plus d'informations, bénéficier d'offres spéciales enseignants ou nous communiquer vos attentes, renseignez-vous sur **www.collection-classico.com** ou envoyez un courriel à **contact.classico@editions-belin.fr**

Cet ouvrage a été composé par Palimpseste à Paris.

Imprimé en Espagne par Novoprint (Barcelone)
N° d'édition : 006168-02 – Dépôt légal : octobre 2013